让学习“嗨”起来

——学习科学　友善用脑课堂教学探析

马福贵　著

RANG XUEXI HAI QILAI

XUEXI KEXUE YOUSHAN YONGNAO KETANG JIAOXUE TANXI

首都经济贸易大学出版社
Capital University of Economics and Business Press
·北　京·

图书在版编目（CIP）数据

让学习“嗨”起来：学习科学　友善用脑课堂教学探析 / 马福贵著. -- 北京：首都经济贸易大学出版社，2021. 9

ISBN 978-7-5638-3198-2

Ⅰ. ①让…　Ⅱ. ①马…　Ⅲ. ①课堂教学—教学研究—中小学　Ⅳ. ①G632. 421

中国版本图书馆 CIP 数据核字（2021）第 172744 号

让学习“嗨”起来——学习科学　友善用脑课堂教学探析

马福贵　著

责任编辑　王　敏

封面设计　砚祥志远·激光照排 TEL：010-65976003

出版发行　首都经济贸易大学出版社

地　　址　北京市朝阳区红庙（邮编 100026）

电　　话　（010）65976483　65065761　65071505（传真）

网　　址　http://www. sjmcb. com

E-mail　publish@cueb. edu. cn

经　　销　全国新华书店

照　　排　北京砚祥志远激光照排技术有限公司

印　　刷　北京市泰锐印刷有限责任公司

成品尺寸　170 毫米×240 毫米　1/16

字　　数　173 千字

印　　张　12. 5

版　　次　2021 年 9 月第 1 版　2024 年 1 月第 2 次印刷

书　　号　ISBN 978-7-5638-3198-2

定　　价　43. 00 元

《序》

《让学习“嗨”起来——学习科学　友善用脑课堂教学探析》，是马福贵老师近几年的研究成果——全书诠释了在学习科学理论指导下，他对友善用脑课堂教学如何关注学生主动学习、快乐学习的理解。这是一本比较有特殊意义的书，其特别之处在于将时代赋予教师的责任与使命，通过关注学生的视角呈现出来。

当前，教育遇到的一个问题是，以知识为中心的学习方式已经无法满足时代发展需要，仅靠死记硬背掌握知识与技能的模式失去原有的价值。新时代人才发展，需要学生从过去的做题向做人做事转变，从解题向解决问题转变。因此要求我们必须转变教育观念，加快推动学习方式变革，重视生命个体的独特体验，鼓励学生适应这种变化并付诸努力。

过去几十年的中小学课程标准、教材以及教学实践活动，过多地强调学科体系，而忽视跨学科视角；学习内容脱离学生生活实际和社会实践等问题日显突出。近年来，跨学科学习倡导根据生活中的真实情境研究问题，让学生有能力综合运用所学各门知识，跨学科解决实际问题。我们知道，教学要面向未来，要以学生对未来有所准备为目的。要在不断变化的世界里，使学生对难以准确预测的未来世界有所准备，的确是一件极富挑战性的事情。教师也处于不断变化的世界之中，不能忽视经常处于变化中的技术，不能忽视每天在教室内外、校园内外遇到的不同的学生。这就需要反思我们的教育，重新审视有效学习、有效实践，以此不断激发学生学习的兴趣、想象力和创造力。

本书从时代变革需要重新认识学习开始，引导教师认识到学习如何“嗨”起来，如何让课堂学习“嗨”起来。从学习的基础与保障、学习的情境与内驱、学习的动力和方法、学习的投入与深化、学习的共同体与元认知等维度娓娓道来，指导教师认识到友善用脑“一三八”课堂教学模式对于教师改变原有课堂认知，有效开展学习活动和学习实践的重要作用，强调环境塑造、团队互促、目标引领、探究实践、规则保障、评价支持的课堂学习，为学生个性、全面、可持续的发展提供重要价值。

在全面减负背景下，需要关注和破解的问题很多，如何引导学生快乐学习，如何重构学习课堂，一直以来都是基础教育课程教学改革的重中之重。本书比较全面地呈现了学习的形态、课堂的形态，通过案例支持，为教师教学提供参考与借鉴。

祝贺马福贵老师潜心研究终有成果，希望有更多的人关注学生学习问题，从而使更多的中小学教师受益，促使教育工作者不断反思教学，不断提升课堂教学质量。

北京教育科学研究院基础教育教学研究中心
贾美华

2021 年 6 月

目 录

第一章

理解学习

第一节　时代变革需要重新认识学习

学习是人的天性。从人类诞生之日起，学习就成为人类及其每个个体的一项基本活动。不学习，人就无法认识和改造自然，无法认识和适应社会；不学习，人类就不可能达成今天的一切成就。学习的作用不仅局限于对某些知识和技能的掌握上，学习还使人聪慧文明，高尚完美，全面发展。正是基于这种认识，人们始终把学习当作一个永恒的主题，反复强调学习的重要意义，不断探索学习的科学方法。

作为一名从教近 30 年的教师，学习是经常脱口而出的词语，从学生时代接受学习，到成为人师输出学习，好像对学习已经非常了解了。但是，当专门说起学习，又觉得很难精确把握。一是对学习内容的理解；二是对学习过程的认识；三是对学习主体（学生）的把握；这些已经与我开始执教之时发生了很大的变化。这种感觉正像许多老师经常挂在口中的"我原来如何教，现在……""我现在的学生……我原来的学生……"老师往往发现了学习需求、学习内容、学习过程的变化，但却经常归因于学生，沉浸于已有的成就，而缺乏自我的反思，缺乏顺应时代的变化而改进的意识。

当今时代已经彻底变成了一个日新月异的信息化时代、人工智能时代、科技迅猛发展的时代，在这个时代里，学习内容从量到质，已经有了巨大的变化。学习主体对学习的需求和外部环境对学习的支持也发生了变化。这其中学习理念和方式的变革就显得尤为重要，如何学习是个很大的时代问题，需要我们进行全面的思考。

第一，新时代的学术理念和学科成果使得学科教学内容和体系发生变化。从 2001 年开始，教学大纲退出了历史舞台，被课程标准所替代。教学大纲强调的是知识和技能目标，而课程标准关注的是学生学习的过程、方法、情感、态度及价值观。2017 版高中课程标准更是将培养目标定位为：具有理想信念和社会责任感，具有科学文化素养和终身学习能力，具有自主发展能力和沟通合作能力①。学科培养中如何以学科知识为载体，立足学生能力培养，提升学科核心素养成为学习的新导向。

第二，新时代的教学要求和学习需求使课堂向学堂转变。新时代的教学更加关注学生的学习过程、学习体验，更加注重创设与生活关联的、任务导向的真实情境，更有意识地促进学生自主学习、合作学习和探究学习。社会实践的主要对象，从改造物质世界变成提升人的世界，在学习方面出现了许多新问题，从前我们所拥有的学习理念和方法已经不适合新时代的要求，我们要思考在 21 世纪怎样学习的问题。

第三，当今时代信息技术突飞猛进，以信息化、人工智能为代表的技术创新进入一个前所未有的活跃期。互联网构造了即时通信，改变了人类活动的时间模式，形成了汇集知识智慧和情感的文化。以人工智能（Artificial Intelligence）、区块链（Blockchain）、云计算（Cloud Computing）、大数据（Big Data）、边缘计算（Edge Computing）、智慧家庭（Smart Home）、物联网（Internet of Things）和 5G（5G Network）为代表的新技术正在打造智能型社会，而教育仍未摆脱“工业化”的印记。因此，全面深化教育改革，就要推动“工业化教育”向“智能型教育”转变，促进学习环境、教学方式和教育管理的转型升级，在普及化的学校教育中提供契合的学习机会，形成精准、个性、灵活的教育服务体系，最大限度地满足学生的发展需要（见图 1-1）。

过去，校园只是一个开展教学的物理场所；未来，校园将变成万物互

① 中华人民共和国教育部. 普通高中课程方案 [M]. 北京：人民教育出版社，2020.

图 1-1 工业化时代的学习与互联网时代的学习

联态下捕获学习者信息，利用大数据技术对学习过程进行跟踪，了解学生的认知水平和特征，为学习者提供量身定制的学习路径的综合平台。随着人工智能时代的到来，学习空间的呈现形式也将随之改变，千篇一律的教室变成灵活创新的学习空间，教室设施可移动，易于变换的桌椅设施支持教师开展多样化的教学活动。学校加强学习区、活动区、休息区等空间资源的相互转化，给学生提供更多的活动交往空间和动手实践的场地，建立创客空间、创新实验室等新型学习环境，培育有共同兴趣爱好的实践社群。

时代的变革对学习的新需要有很多，需要做的自然也有很多，最重要的是要有清醒的头脑、理智的思维、与时俱进的魄力、不断求知的决心，这样才能跟得上时代发展的潮流，才能找到学习的合理变革方式，才能更多地获得新知，提升能力，进而推动社会的发展。

学习中遇到的第一个问题是：以知识为中心的学习方式已经无法满足时代发展需要，仅靠死记硬背就可以掌握的知识或技能逐渐失去价值，因此要求我们必须转变教育观念，加快推动学习方式的变革，更加重视每个学生的独特体验，鼓励他们在解决问题中认知世界，在做事中了解社会，成为能够应对未来复杂挑战的人才。

第二个学习中的问题是：新时代科学技术的创新发展更需要弥合学科界限的跨学科学习。现行的分科教学有利于系统知识的习得，但不利于完整知识体系的形成和综合思维能力的培养。近年来兴起的“STEAM”教育①、创客教育等把跨学科作为重点，强调通过不同学科的交叉融合，培养学生的创新精神和实践能力。跨学科学习倡导根据生活中的问题设置主题，将不同学科围绕同一个主题联系起来，构建相互衔接贯通的课程体系。值得说明的是，跨学科学习需要坚实的学科基础，没有学科就没有跨学科，两者是相辅相成、互为依存的，要处理好分科教学和跨学科学习的关系。

第三个学习中的问题是：人们越来越认识到，实践无止境，学习也无止境。古人云：吾生而有涯，而知也无涯。当今时代，世界在飞速变化，新情况、新问题层出不穷，知识更新的速度加快。人们要适应不断发展变化的客观世界，就必须把学习从单纯的求知变为生活的方式，努力做到活到老、学到老，终身学习。

反思我们的教育，审视学习的现状，课堂上的文本解读、问题求解来自教师的精心引导与设计，学生的课堂参与符合教师预设需求的，可以得到继续回答的权利，凡是与教师预设不同的，总被教师或委婉或生硬地噤声。课堂上鲜有学生参与的愉悦和成功的笑脸，更是少有学生激辩的反思与获得。

我们认识到：同样的课堂，教师决定层次；同样的内容，过程决定收获；同样的学习，兴趣决定投入；同样的学生，选择决定路径；同样的生

① 指集合了科学（science）、技术（technology）、工程（engineering）、艺术（arts）、数学（mathematics），注重实践的超学科综合教育。

活，视角决定认识。在教学过程中精准地把握教学内容，精心地创设教学氛围，精确地选择教学方法，科学地设计教学评价，合理地控制教学过程，是科学施教、有效学习的基础。

21世纪，国家、民族、个人对学习必然有新的需求，我们需要一种更具有“未来智慧”的教育视角，在复杂而多变的世界，努力培养学生的好奇心、启发学生的智慧、增进学生的自主性和责任感，引导学生积极、广泛、有远见地追寻有意义的学习。

学习关乎国家的强弱实虚，关乎民族的兴衰起落，关乎个人的前途命运。无论一个人、一个团体，还是一个民族、一个社会，只有不断学习，才能获得新知，增长才干，跟上时代。在教学变革中，我们需要有历史责任感，努力探索适应社会发展、满足学生成长需求、助力学生终身发展的教与学的方式，让沉寂的课堂活跃起来，让学生的学习“嗨”起来。

第二节　什么是学习

学习是人类认识自然和社会、不断完善和发展自我的活动。

现代社会，人类社会成员的学习，特别是童年、少年、青年阶段的学习是通过学校教育完成的。传统的教育形态是学生进入学校，按照年龄分班，学习形式是课堂授课，其核心价值是升学至上，即：要上好的大学，找一份好工作，然后争取人生的顺利发展。在基础教育阶段，教师要尽可能给学生呈现更多的知识和精妙的解题方法，学生要不停地刷题以验证是否已经掌握了教师所教的内容。教师的精力用于不断地细分知识，梳理不同类型的问题、试题，力争穷尽所有的思路、技巧。学习只保留了复现、模仿的过程，而失去了发现、研究、创新等更有价值的过程。

进入21世纪以来，在课标的新要求、评价的新导向和技术的新支持下，这种情况开始变化。特别是新冠疫情的暴发，学校停课不停学，让我们深刻地感受到技术可以更深刻、更广泛地支持学习，从线下的群体学习，转变为线上的交互式团队学习。科技的飞速发展，尤其是处于世界百年未有之大变局时期，课堂中的知识不能让人终身受用，人们需要不停地学习，学会学习成为学习的根本要求。

近年来，各国都十分关注未来学校教育的变革趋势，美国、瑞典、法国等国家开展了一系列实践探索，催生出“无处不在的学习”“没有教室的学校”等新型教育形态，这些探索为我们提供了一窥未来学校的窗口。

总部位于美国加州圣地亚哥市的 High Tech High School（简称 HTH 学校），取消了严格的分科教学方式，更多地以跨学科方式建设课程，开发出 245 个主题项目，其中 STEAM 课程占很大比例，目的就是为当地众多的高新技术企业培养合格人才，同时也便于学校从外部社会获取专业力量的支持。在这所学校里，常见的学习场景是：学生对着电脑认真研讨他们的多媒体项目，学生拿着钻头和锯齿有模有样地制作桥梁模型，学生围在一起测试着机器人……

位于瑞典斯德哥尔摩的 Vittra Telefonplan 学校被称为“没有教室的学校”，学校把教室改造成“水吧”“营地”“实验室”“洞穴”等新型学习空间。教学组织更加灵活，根据学生学习能力分成不同群体，大多采用混龄教学，把不同年龄的学生放在同一个小组中进行学习、游戏和生活，构建了一个与现实生活相似的雏形社会。

总部位于法国巴黎的 Ecole 42 是一个私立计算机编程学校，没有老师、没有教材，学习全靠学生自己。整个学习过程就像闯关游戏，学校通过设置经验值追踪记录学生的学习进度，成功完成任务后得到相应的经验值。学校给每位学生配备一台大屏幕电脑，每完成一项任务，就会有一个更高级别的任务自动解锁，当学生达到 21 级时就准予毕业。学习期间，学生可以自由进出学习中心，每天 24 小时开放，这里没有固定学制，学生通常在三年内毕业，但也有一年内就通过考核，还有需要五年或更长时间的。

这些学校的教育新形态，突破学科场域、年段场域、时空场域，以主题式、情景化、实践性、团队合作等模式，颠覆了我们对学习的惯有认知。那么学习的本质何在？什么是真正的学习呢？

一、学习的概念

学习是人的身体、智力和情感的协调互动，并共同作用于对事物的认知和把握的过程，能够带给人心智和行为持久变化的活动（见图 1-2）。

图 1-2　学习的概念

在汉语词汇中"学习"是使用频率很高的词，但在人的脑海里不同的人反应的学习情境是不一样的，有人想到的是学生坐在教室里读书，有人想的是成年人在一起讨论问题，有人想到师傅带徒弟干活，也有人想的是阅读、参观、旅游、讨论，等等。

那么，到底什么是学习呢？上述情境中的"学习"都有可能发生，可以说，学习是一个过程，是以对事物"认知"和"把握"为目标的过程，是对人有着深远和重要影响的活动过程。

"学习"在《现代汉语词典（第 5 版）》的解释是：从阅读、听讲、研究、实践中获得知识或技能[①]。阅读、听讲、研究、实践既是学习的方式，又是学习的过程，而“获得知识或技能”则是对事物的“认知”和“把握”。听讲可以是坐在教室里上课，研究可以是人们在一起讨论问题，参观、劳动、旅游、看电影等可视为是实践。从本质上说不管学习的方式如何、学习过程长短，都是为了实现学习的目标，掌握知识和技能。人的思维方式和行为特征，就是通过人掌握了知识和技能，得以发生一定的改变，而且是持久的变化。

丹麦学习学专家、国家学习实验室主任克努兹·伊列雷斯（Knud Illeris）在《我们如何学习——全视角学习理论》一书中，把“学习”界定为：“发生于生命有机体中的任何导向持久性能力改变的过程，而且，这些过程的发生并不是单纯由于生理性成熟或衰老机制的原因。”[②] 在这个定义中，“生命有机体”是指一切有学习能力的人或动物；“持久性能力改变”是学习的目的、结果或功效；“任何过程”包括了学习的一切方式；而“这些过程的发生并不是单纯由于生理性成熟或衰老机制的原因”则说明学习需要人的主观参与和设计，是一种有目的、有计划、有步骤的自为的活动。

一些学者称这种“有目的、有计划、有步骤的自为活动”为“系统”。美国心理学家西蒙（H. A. Simon）认为，学习是“系统为了适应环境而产生的某种长远变化，这种变化使得系统能够更有效地在下一次完成同一或同类的工作”。他指出：“学习是一个系统中所发生的变化，它可以是系统作业的长久性的改变，又可以是有机体在行为上的持久性的变化。”西蒙认为，“系统是由相互作用、相互依赖的若干组成部分结合而成的，具有

① 中国社会科学院语言研究所词典编辑室．现代汉语词典［M］．5版．北京：商务印书，2005.

② 克努兹·伊列雷斯．我们如何学习：全视角学习理论［M］．孙玫璐，译．北京：教育科学出版社，2014.

特定功能的有机整体”①，人是“有机整体”，人的身体、智力和情感是这个有机整体中的“相互作用、相互依赖”的组成部分，人在认识和把握事物的过程中，心有所得、行有所变，产生了超越过去的效果，于是“学习”便在人身上发生了，学习的结果又反过来影响和促进着人的进一步发展。

实践和研究表明，人类的学习是人的身体、智力和情感协调互动、共同作用地对事物的认知和把握过程，使人的心智和行为产生持久的变化是学习的结果。

二、学习的生理基础

人脑是人学习的主要器官，但是人类对大脑的认识却经历了漫长的发展过程。

学习、思考和情感的主要器官不是大脑而是心脏，这是人类最早的认识。中国古人在造字过程中把所有与思维、情感有关的文字都加上了“心”字。从源于图画的中国文字，可以看到原始的图画演变为现行文字的过程。文字的流传和民间说法的形成，表现了中国古人对学习器官的认识，心是学习的主要器官。中国是这样，其他早期文明也是这样，心脏被认为是尤其重要的。在埃及文化中，心脏代表了记忆、思想和智慧，同时也被认为是勇敢和爱等情感的象征。古希腊哲学家亚里士多德（公元前384—前322年）认为：“像古埃及人一样，他坚信心脏是所有意识过程的基础。”②

在社会实践中，古人终究注意到大脑对人的行为的影响。希波克拉底、《黄帝内经》、盖伦、华佗等都有对此的记述和传说。

① 杨盛春，贾林祥．神经网络内监督学习和无监督学习之比较［J］．徐州建筑职业技术学院学报，2006（3）：55-58.

② 李荐，方中雄．学习科学友善用脑［M］．北京：商务印书馆，2016.

古希腊医生、西方医学奠基人希波克拉底，在医学实践中提出了“体液说”，阐明人的生理条件与人的性格有很大的联系，而且发现了癫痫的病因来自大脑，把人的行为和大脑密切联系起来[①]。癫痫是一种突然发作的暂时性大脑功能紊乱的病症。希波克拉底指出的病因是正确的，是他对人的行为与大脑的关系做了长期研究后得出的结果。希波克拉底之后对大脑和神经给予关注的是古罗马医生盖伦，他发现静脉与心脏连接，周围神经起自中枢神经系统。他根据实验分辨出感觉和运动神经，说明了横断脊髓的后果，阐明喉返神经的作用，证明失去神经的心脏仍能继续跳动，他肯定动脉里充满血液而不是空气等，这些实验和结论表明他关注到了脑与心脏的不同作用，他被认为是第一位实验医学家[②]。

古埃及生理学家伊姆荷太普（Imhotep）的手术文本记录了 48 个约公元前 3 000 年的手术案例，其中包括对在工地中人的头部受伤所做的手术记录，该记录讨论了大脑的结构，对中枢神经系统做了较为宽泛的描述，例如，描述了用于保护大脑的脑内层结构和脑膜，同时还叙述了脑脊液的流动，说明当时的医生意识到这一功能可以保护精密的脑组织和脊髓[③]。

几乎与盖伦同时的中国东汉末年著名医学家华佗也是对人的大脑有研究的医生，从他给曹操诊治头风病的故事中可以知道他对大脑是有研究的。遗憾的是华佗的医学著作没有流传于后世，我们无法从他的医书中了解他对脑的认识程度，只能从民间传说和文献记载中推断他对大脑的研究和了解。

中国最早的医学典籍《黄帝内经》，成书于战国至秦汉时期，书中多次记载了中国古人对脑的研究。战国时代是公元前 475 年至前 221 年，时间上与希波克拉底生存的时间基本相同，可见中国古人对脑的研究从那时

---

① 李荐，方中雄．学习科学友善用脑［M］．北京：商务印书馆，2016.

② 李荐，方中雄．学习科学友善用脑［M］．北京：商务印书馆，2016.

③ 李荐，方中雄．学习科学友善用脑［M］．北京：商务印书馆，2016.

起就已经开始了。

据山东大学、山东中医药大学和山东省中医药研究院的专家研究，《黄帝内经》正文中共出现"脑"字44次，其中《素问》20次，《灵枢》24次。"脑"在《黄帝内经》所处的时代一般意义多指脑髓，即颅腔内的中枢神经，有时仅指颅腔本身，意义明确无疑，与现代认识并不存在解剖概念的区别。"有关其功能的认识非常模糊，这有其时代背景，完全可以理解"①。

人类对大脑的研究是不断深入的。1791年，意大利解剖学教授路基·伽伐尼的研究，在当时的科学界中引起了巨大的反响。他发表了对"动物电"的研究成果，引起了世界科学界的极大震惊。他断言"大脑中的神经细胞在使用电流引起的活动中起着控制中心的作用"②。

弗朗兹·约瑟夫·加尔（Franz Joseph Gall，1758—1828年）是一位致力于发现脑与行为关系的学者，对神经中枢系统解剖的贡献是重要的，加尔提出皮层功能定位的说法，迫使人们思考大脑皮层可能是由一系列不同功能的器官组成的，这一研究在随后的100多年里有了长足的发展，从那时开始一直延续到今天。1792年，加尔提出大脑皮层是由很多不同的特殊器官组成的，每个器官控制一个特定的神智能力，每个器官还与其他器官联系，包括与大脑对侧半球功能区的联系，形成两侧间的协调配合。该理论认为大脑是心灵的器官，而心灵则由一系列不同的官能构成，其中每一官能对应了大脑某一特定的区域。这些区域被认为按一定比例构成了人的特性。加尔根据他收集的人的颅骨定出了27个神智的能力，其中19个是人和动物共有的，8个是人特有的。共有的包括生殖本能、爱护后代、情

---

① 卜凡廷，卜彦青，杜广中.《黄帝内经》"脑"字的统计分析研究［J］. 中华中医药杂志，2013，28（8）：2457-2459.

② 李荐，方中雄. 学习科学友善用脑［M］. 北京：商务印书馆，2016.

感、破坏性、控制欲等，人所特有的包括智慧、写诗的才能和宗教信仰等①。

《人是用左脑说话》是轰动科学界的论文，论文的作者是法国外科医生、神经病理学家、人类学家保罗·布罗卡（Paul Broca，1824—1880 年）。1861 年 3 月，布罗卡提出了关于脑大小与智力关系的观点，根据他的研究，大脑皮层不同区域的细胞是有区别的，提示了大脑功能上的差别。他认为，脑功能定位的看法与比较解剖学的证据是一致的，比较不同动物的大脑，额叶大小与智力应该是有关系的。布罗卡发现有位患者大脑左半球的第三个前额沟回有一内伤导致失语，这是失语症病人不能说话的原因，为此他写出了轰动科学界的论文——《人是用左脑说话》②。

人们根据布罗卡的发现把大脑负责运动性语言的中枢命名为布罗卡区，又称布罗卡中枢或布罗卡回。布罗卡的发现，不但使人相信神经系统内的机能各有其特殊的定位，而且还找到了以脑沟回作为脑的机能分区的明确标志。对失语症的研究使人类终于认识到了左脑和右脑的功能不同。布罗卡区位于第三额叶回后部、靠近大脑外侧裂处的一个小区，即布鲁德曼第 44 区、45 区。它的功能是产生协调的发音程序，提供语言的语法结构和言语的动机及愿望。布罗卡区病变引起的失语症称为运动性失语症或表达性失语症，即病人阅读、理解和书写不受影响，他们知道自己想说什么但发音困难，说话缓慢费力，不能使用复杂句法和词法，自发性主动语言障碍，很少说话和回答，语言有模仿被动的性质。还有一种症状，就是病人可以说很流利、很符合语法的话，但这些话毫无逻辑，也没有任何意义，不能使人听懂他在说什么。

布罗卡发现布罗卡区之后不久，1874 年，一个年轻的德国人，卡尔·韦尼克（Carl Wernicke，1848—1904 年），发现了大脑左半球还有另一个

---

① 李荐，方中雄．学习科学友善用脑［M］．北京：商务印书馆，2016.

② 李荐，方中雄．学习科学友善用脑［M］．北京：商务印书馆，2016.

重要的语言区域——韦尼克区，其具有控制语言理解的能力①。韦尼克区的损伤，将产生严重的感觉性失语症。有该症的患者能够听见声音，但无法理解语言的意思。患者能组织语法上正确的句子，但没有能力在句子中表达任何意义。韦尼克区包括颞上回、颞中回后部、缘上回以及角回。在这个区域内有听觉性语言中枢和视觉性语言中枢，主要的功能是用来理解单词的意义。布罗卡区与韦尼克区协调互动保证了人对语言的理解和表达能力。

三、学习的心理基础

要想达到学习的目的，对学习者来说，学习人的“整体”都要积极投入，眼、耳、鼻、舌、口、四肢和大脑需全部或部分地参与学习过程，人的大脑作为学习的主要器官更是自始至终都在工作。“学习”是“发生于生命有机体中的任何导向持久性能力改变的过程”，生命有机体是动物，人是有情感的高级动物，认识事物、把握事物规律是人在社会生活中产生的社会需求和主观期望。

在学习过程中，大脑一方面是人的智力体现，发挥获取知识、掌握技能智力的作用，以实现学习目标；另一方面在学习过程中，大脑是人的情感控制中枢，调动大脑的相关皮层参与学习，促进或阻碍学习目标的实现，从而产生了“人的身体、智力和情感协调互动、共同作用”——实现学习目标的基本条件。“协调互动”指在学习过程中人的眼、耳、鼻、舌、口以及四肢，不但要投入学习过程中，而且要与人的大脑中的智力和情感因素配合得当，形成统一有序、张弛适当的工作节奏，以完成学习任务。“共同作用”凸显了在学习过程中，人的身体、智力和情感缺一不可，同时表示人与学习环境互相依赖、互相影响、互相作用，形成系统，实现工

① 李荐，方中雄．学习科学友善用脑［M］．北京：商务印书馆，2016.

作合力，达到掌握事物规律，取得良好学习效果的目的。

人的身体和智力投入学习过程中是容易理解的，因为学习离不开动手、用眼、用耳，离不开动嘴、用脑、用身体，身体部件的活动自然会引起大脑的生理反应。但是，学习离不开人的情感，情感活动对人的大脑究竟产生什么样的影响？很多心理学家、生理学家经过反复试验得出如下结论："虽然信息资源在任何学习生态中都很重要，但是情感和动机资源同样不可或缺，因为他们能将努力、注意和欲望投入到学习中。"① 学习的工作形式更多地表现为大脑的思维活动，学习离不开思维，人的思维活动中情感到底发挥什么作用呢？研究证明，情绪是人情感的组成部分，在思维过程中情绪的变化影响思维的质量，那么当我们研究学习的时候，就不能不考虑人的情感作用。心理学家指出，"思维过程并不仅仅包含认知成分，而且也包含复杂情感情绪成分"，"情绪因素参与思维过程的最典型的例子是道德判断"②。"2001 年，格林（Greene）等人首次使用功能磁共振成像（FMRI）技术，得到了被试完成经典道德两难问题时的脑功能图像。分析发现，情绪对道德判断有重大影响，相对于不涉及个人的道德场景，被试在面对涉及个人的道德场景时，与情绪相关的脑区会有更大的激活，这些区域包括脑内侧前额叶、后部扣带回以及角回"③。可见人的情绪能够引起大脑的生理反应，从而对人的思维产生一定的影响。

学习是学习者与学习环境相互依存，诸多因素互相影响，最终由学习主体表现出学习效果的互动过程，这是科学研究的结论。因此，在学习过程中，不仅要研究学习者的身体、智力和情感因素，还要考虑学习者在学习环境中与其他因素的依存状况。正是这些内部与外部的交互影响、互相

① 温雪．深度学习研究述评：内涵、教学与评价［J］．全球教育展望，2017，46（11）：39-54.

② 韩世辉，朱滢．认知神经科学［M］．广州：广东高等教育出版社，2007：219.

③ 李万清，刘超．道德的脑机制：关于道德现象的科学研究［N］．中国社会科学报，2012-03-07（B02）.

作用，才使学习者在认识事物、把握事物规律的过程中，呈现最佳的学习效果。

四、学习的外部环境影响

百度百科对生态系统给出的释义是在自然界的一定的空间内，生物与环境构成的统一整体。在这个统一整体中，生物与环境之间相互影响、相互制约，并在一定时期内处于相对稳定的动态平衡状态。学习是由学习者和学习环境共同构筑的一个整体，可称为生态系统。在学习过程中学习的主体要全部投入其中，而学习环境中的各个因素也对学习产生影响。

无论是人还是动物在自然社会中生活需要学习很多知识和技能，以满足生存和发展的内在需求。因此，学习是人和动物与生俱来的能力，在这个过程中，就产生了“教”和“学”。猴子的攀爬，狼的群体进攻和彼此间的策略呼应，甚至小蜜蜂的“寻花问柳”……都是小猴子向老猴子、小狼向老狼、小蜜蜂向老蜜蜂学来的。人类的学习也是如此，小孩向大人学习，掌握了知识和技能就变成了孩子自己的能力，内化为孩子的本领。

中国古人对“教”和“学”的理解是非常到位的，“教”的作用和价值在于“示范”，“学”的关键和实质则是“领悟”，在“教”和“学”的互动中，主体是学习者。《说文解字》对“教”的解释是“上所施下所效也”，老师、长者做出示范，孩子、学生跟着模仿。《说文解字》对“学”的解释则是“觉悟也”，也就是说从模仿开始，学习者在对所学事物的感悟理解过程中内心真正有所领悟，把握了事物的根本，“学习”才真正发生。“数飞也”是《说文解字》中对“习”字的解释，是从小鹰学习飞翔反复练习，引申为学习的不断巩固直至掌握知识。

传统的学习形式中包含教与学两个相互作用的部分。“教”的作用和价值在于“示范”，“学”的关键和实质则是“领悟”，在“教”与“学”的互动中，主体是学习者。对于学习中各个因素的关系，古代先贤及历代学者也早有关注和探究。

人们耳熟能详的孟母三迁的故事，说的就是学习者与学习环境的依存作用。孟子小时候，居住的地方离墓地很近，孟子学了些祭拜之类的事，玩起办理丧事的游戏。他的母亲说："这个地方不适合孩子居住。"于是将家搬到集市旁，结果在这里孟子学起了做买卖和宰杀牲畜。母亲又想："这个地方还是不适合孩子居住。"于是又将家搬到学宫旁边。在这里，孟子学会了在朝廷上鞠躬行礼及进退的礼节。孟母说："这才是孩子居住的地方。"就在这里定居下来了。等孟子长大成人后，学成六艺，获得大儒的名望，人们认为这是孟母注重环境对孩子学习影响的结果。

子曰：工欲善其事，必先利其器。出自孔子《论语·卫灵公》的这句话是人们熟知的名言，这句话蕴含了学习中学习者和学习工具的关系。

"汝不知夫螳螂乎？怒其臂以当车辙，不知其不胜任也，是其才之美者也"，这是庄子的语录，出自《庄子·人间世》，意思是：你没见过螳螂吗？它奋勇地举起臂膀想阻挡车轮前进，不知道自己无力胜任，总觉得自己的能力大得不得了。这里探讨的是一种正确的人际关系。庄子认为，正确的方法有两条：一是"虚己"，二是"顺物"。学习中有师生关系、生生关系、亲子关系，等等，但不论尊卑长幼，都应当虚己（不带成见和主观愿望）和顺物（不固执己见而随物变化），而不能像螳螂那样。如果学习者没有自知之明，认为自己生而知之，是学不进知识的；如果教育者盛气凌人、唯我独尊，也很难发挥教育的效果。

德国著名思想家、作家、科学家歌德说："我们全都要从前辈和同辈学习到一些东西。就连最大的天才，如果想单凭他所特有的内在自我去对付一切，他也决不会有多大成就。"① 歌德指出了学习不是学习者个人孤立的过程，需要在与前辈和同辈相处的过程中学习。

---

① 爱克曼. 歌德谈话录［M］. 朱光潜，译. 上海：华东师范大学出版社，2015.

俄国教育家苏霍姆林斯基说："儿童的心灵是敏感的，它是为着接受一切好的东西而敞开的。如果教师诱导儿童学习好榜样，鼓励仿效一切好的行为，那么，儿童身上的所有缺点就会没有痛苦和创伤地不觉得难受地逐渐消失。"① 作为学习者的儿童在学习中处于主体地位，苏霍姆林斯基强调教师要考虑引导儿童的方式和途径，才能达到儿童健康快乐成长的目的。

学习是人类与生俱来的能力，随着学习的延绵持续，学习的领域越来越广泛和深入，人类对学习的认识和研究也不断扩展、深化而精细。对什么是学习和学习的本质问题，从关注和研究，到形成思想理论，形成著述学说，形成专著典籍，直到当代形成一门科学——学习科学，以指引人类更有效地认识自然和社会，更高效地推进人类的进步和发展（见图 1-3）。

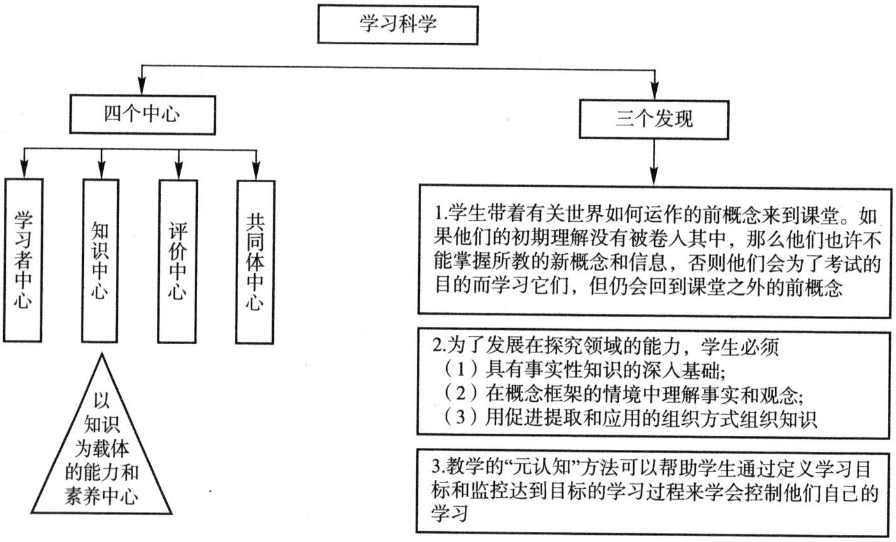

图 1-3 学习科学的四个中心和三个发现

五、学习科学

学习科学研究的是人如何学习，所关注的焦点是：学习环境是如何提

① 魏智渊．苏霍姆林斯基教育学［M］．桂林：漓江出版社，2014：6.

高学生的学习绩效的。人（教师、学习者和他人）、计算机（以及扮演的角色）、建筑、教室的布局和环境中的自然物体，以及社会和文化环境都是人的学习环境。

学习科学以人的学习活动为研究重点，是在神经生物学（脑科学）、心理学飞速发展的背景下，融合了教育学、社会学、人类学、设计学、计算机学等学科的研究成果形成的研究人学习活动的学科。学习科学是以人为中心的新型的、跨学科的交叉领域，它重点研究的是“人的学习的机能”①。“机能”即机制和能力，“机制”是“机体的构造、功能和相互关系”，“也泛指一个工作系统的组织或部分之间作用的过程和方式”。人作为一个有机体有其自身的构造，每个器官都有自己的作用，同时又与其他器官相互合作，形成一个有机的工作系统。人在学习过程中，人的大脑、躯体和神经系统究竟是如何工作的，这些工作又造就了人的什么样的学习能力？“能力”是人能胜任某项工作的主观条件和个人所具备的素质。人在学习过程中能胜任学习任务的主观条件和要求个人具备的素质包括哪些？这些条件和素质又是如何产生和培养出来的？这些问题都是学习科学所要关注的。

学习科学不仅研究课堂中的“正式学习”，而且研究在各种情境下的学习，包括发生在家庭、工作岗位、生活情境中的“非正式学习”。不论是“正式学习”还是“非正式学习”，都是学习的形式；不管学习的形式如何，学习的实质是增长人的学习能力，涵育人的基本素养，使人的心智和行为产生持久的变化。这一过程正像庄子所说的“得鱼忘筌”，钓鱼的目的是“得鱼”，而钓鱼的工具并不重要，“得鱼忘筌”是人类从事学习活动应该尊奉的原则和恪守的信条。

学习科学是一门古老而又年轻的学科，称其“古老”是因为学习是人

① 李荐，方中雄．学习科学友善用脑［M］．北京：商务印书馆，2016.

和动物共有的本能，从人类诞生，甚至人类还处于人猿过渡的时期，学习就在其身上发生了。中国的战国后期，已经写出了《学记》。《学记》首先从化民成俗的高度谈到了学习的作用和价值，接着又从琢玉成器、人学知“道”的角度谈到了“教”“学”为先的重要性。《学记》研究了学的规律和教的方法，明确了在“学”和“教”的互动过程中“学”的主体地位。我们称其“年轻”，则因为把学习作为一个独立的学科进行研究，而且聚焦在人的学习活动中，是从1991年第一届世界学习科学大会开始的，距今才30年。

学习科学从更大的范围界定了学习的定义，也更加聚焦学习主体——人在学习过程中的活动状况，探究的是在各种情况下，人从事学习活动的本质规律，进而用这些规律创设学习环境，改造课堂，提高学习效率。

（一）认知科学与学习科学

在学习科学诞生以前，人们对“学习”的认识是从“认知”开始的，因此谈到“学习”离不开“认知”，必须了解“认知科学”才能理解“学习科学”。认知科学对认知的主体、认知的环境、认知的社会文化背景并不在意，仅是研究“认知”过程本身。“认知科学是研究人的智能、其他动物的智能及人造系统的智能的科学。”认知科学研究的对象不是人，不是动物，也不是人造智能机器，而是人、动物、人造智能机器的“认知”。这是1993年美国科学基金会在华盛顿组织召开的一次认知科学会议上，与会的100多位认知专家对认知科学达成的一致看法。认知科学忽略认知的主体，忽略主体所处的环境，以及环境所具有的文化社会背景。

学习科学是以人为中心的学科，研究的是“人的学习”，关注学习的主体、关注主体所处的环境，以及环境所具有的社会文化背景。学习科学把学习看作是一个整体，处于这个整体的中心位置的是学生——人。人是生活在一定环境中的，是在一定情境中学习的，学习科学研究环境对人学习的影响，研究情景的创设和知识的迁移，等等。人是有感情的动物，学习科学在研究学习的时候也研究学生的情感。R. 基思·索耶在《剑桥学习科学手册》“导言——学习的新科学”中说：“学习科学所关注的焦点是：在一个学习环境中正发生什么，以及学习环境是如何提高学生的学习绩效的。学习环境包括人（教师、学习者和他人），计算机及其扮演的角色，建筑、教师的布局和环境中的自然物体，以及社会和文化环境。”①

心理学注意伦理、道德、情感对人思维的影响，但是在心理学字典或心理学专著中对“认知”的理解却是“和情感、动机、意志等相对应的理智活动或认知过程”。学习科学在“学习与学习的主体”中通过实验探究情感对人思维的影响。学习科学从关注学习主体的人，到关注人所处的环境、事物、文化等，讨论学习不仅关注智力，关注智力认知的过程，人的情感、身体、环境也是研究学习、探讨认知不可缺少的方面。而认知科学更加关注认知本身，对认知活动、认知环境，特别是认知主体的研究兴趣，只研究认知活动本身的特点。学习科学则不然，学习科学强调要研究“学习环境是如何提高学生的学习绩效的”，明确地把学生置于环境的主体地位，同时这个环境中的人、物，甚至社会和文化都对学习的主体产生影响。学习科学是以人为中心的，把人置于广阔的社会人文背景下开展对“学习”的科学研究，学习科学的研究成果反映了人类社会的发展，也必将对人类的发展产生积极的推动作用。

（二）研究学习科学的目的

研究学习科学的目的是更好地理解和掌握人类在认知过程和社会化过程中学习的规律和技巧，以达到最有效的学习目的，同时用学习科学的方法重新设计课堂和其他学习环境。学习科学理解的学习是人的身体（手）、智力（脑）、情感（心）和环境、文化等交互作用，提高学习绩效的过

① 约翰·布兰思福特．人是如何学习的［M］．程可拉，孙亚玲，王旭卿，译．上海：华东师范大学出版社，2002.

程；学习科学关注的是在这种交互学习中提高学习绩效的规律。这种分析问题、看待问题的角度本身就是把人置于学习的中心点，是以人为本的，也是根据人的基本特征开展学习科学研究的。

学习科学以研究人的学习实践为出发点和立脚点，人的社会属性决定了人的学习活动是在社会化过程中逐渐完成的。学习科学的产生为教育的发展带来了新的活力，学习科学理论是对学习主体所从事的学习活动进行全面、系统、深入、实质的研究，对学习本质、学习过程、学习规律、学习方法、学习环境以及环境对学习主体所产生的影响等问题进行综合概括的表述。

研究学习科学，掌握正确的学习理论，对于改造课堂、提高效率具有积极的促进作用。科学的学习理论反映了学习的本质规律，能够指导或促进学习活动，不正确的学习理论不但影响和阻碍学习活动，而且会降低学习效率。

学习科学的诞生为课堂教学改革带来了转机。学习科学在神经生物学（脑科学）、心理学特别是认知科学研究的基础上，对学生学习的生理机能有了深刻的认识和清晰的把握，在实验基础上“普遍认为，在大脑发展和学习机制的理解方面的突破对教育和学习科学具有重要的意义”，“可以肯定地说大脑和心理的功能性组织取决于并得益于经验”，“发展不仅仅是生理驱动的拓展过程，也是从经验中获得基本信息的主动过程”①。学习科学改变了课堂教学的基点，把教师中心变成了学生中心，因为“学生带着有关世界如何运作的前概念来到课堂，如果他们的初期理解没被卷入其中，那么他们也许不能掌握所教的新概念和信息，否则他们会为了考试的目的而学习它们，但仍会回到课堂之外的前概念”②。

---

① 高文．人是这样学习的——有关学习研究对象的拓展［J］．全球教育展望，2005，34（11）：45-49，38.

② 约翰·布兰思福特．人是如何学习的［M］．程可拉，孙亚玲，王旭卿，译．上海：华东师范大学出版社，2002.

学习科学认为，课堂教学不能把学生的大脑当成空着的篮子，以教师为中心满堂灌，而是要了解学生的前拥概念，知道学生主动了解世界的“特惠领域”，把握他们在学习中的无论是方法还是内容上的偏爱；相信学生是问题的解决者，同时又是不断寻求挑战、产生疑惑的探究者；发展学生的元认知，让学生在学习过程中不断加强计划、监控和调整的能力，保证获得成功的学习；同时教师也应该清楚地认识到，学生天生的学习能力是需要加以引导的，教师既要激发学生的好奇心，又要锻炼学生的专注力，要根据学生的需要为他们搭建向上攀爬的脚手架。学习科学主张以学生为中心，学生是学习的主人，在课堂上要发展学生所有制。所有制是经济学名词，任何财富归谁所有谁就具有处置权。课堂既然是学生所有，就应该根据学生的需求制订教学方案，用学生喜欢的方式开展教学。老师要以学生的前拥概念为基础，搭建学生学习新知的阶梯，设计诱发学生思考的学习场景，让学生真正成为课堂学习的主人①。

学习科学强调，“所有的学生都是天生的学习者，孩子出生时就有了某种学习本能”，哪怕是一年级的小学生，当他们走进课堂时，老师所教的任何新知，对孩子来说也许未必是新知，他们的大脑不是一张白纸，他们是天生的学习者，他们大脑中已经积累了很多学习的经验。把孩子的大脑当作空篮子倾倒知识的做法，必然会受到孩子的反感和抵制，以教师为中心的课堂教学也必然会受到学生的唾弃。这就告诉我们，老师在走入课堂的时候，不能仅根据自己的理解抱着传授的思想“教”给学生知识，而要深入了解学生，掌握他们已经具有的“前概念”，把他们的初期理解带入课堂，让他们主动获得新的概念、生成新的知识，学生在完成新知识的生成过程中，他们已有的知识也得到了迁移和升华②。

学习科学认为，知识是学生掌握学习能力的工具，“为了发展在探究

① 李荐，方中雄．学习科学友善用脑［M］．北京：商务印书馆，2016.

② 李荐，方中雄．学习科学友善用脑［M］．北京：商务印书馆，2016.

领域的能力，学生必须（a）具有事实性知识的深入基础，（b）在概念框架的情景中理解事实和观念，和（c）用促进提取和应用的方式组织知识”①。在友善用脑的课堂上，知识从来不是“授人以鱼”的“鱼”，也不仅是授人以“渔具”，而是要授人以“渔技”。而教育学则强调知识是课堂教学的重点，赫尔巴特认为，没有教学就没有教育②。显然在学习科学的认识中，知识是发展探究能力的基础，知识和观念不是死的，而是在概念的框架下被理解和活化的，同时能够被提取、应用和重组。因为“对于孤立部分地强调，能够系统地训练学生的常规知识，但并没有教育学生理解知识的全貌，而掌握知识的全貌才能保证整合知识结构和了解知识应用的情境”③。

（三）教育学与学习科学

与教育学相比，学习科学的另一个特点是学习科学提倡团队学习④。共同体是学习科学在学生学习中强调的一个概念，这个概念导致学习过程中的一个巨大变革，把教育学中的“各自为战”变成了友善用脑课堂上的“团队学习”。学习科学强调学习的整体环境，“学习科学最新发展表明环境以共同体为中心的程度对学习也很重要。尤其重要的是人们相互间学习的标准以及持续不断地试图改进提高。我们用共同体中心表示共同体的几个方面，包括把班级作为一个共同体，学校作为共同体，学生、教师、管理人员认为与之联系的更大的共同体还包括家庭、行业、州、国家甚至整个世界。”⑤

---

① 高文．人是这样学习的——有关学习研究对象的拓展［J］．全球教育展望，2005，34（11）：45-49，38.

② 李荐，方中雄．学习科学友善用脑［M］．北京：商务印书馆，2016.

③ 约翰·布兰思福特．人是如何学习的［M］．程可拉，孙亚玲，王旭卿，译．上海：华东师范大学出版社，2002.

④ 李荐，方中雄．学习科学友善用脑［M］．北京：商务印书馆，2016.

⑤ 约翰·布兰思福特．人是如何学习的［M］．程可拉，孙亚玲，王旭卿，译．上海：华东师范大学出版社，2002.

在友善用脑课堂上，学习科学倡导“各自为战”的学习向“团队学习”转变，学习方式的转变，促进了学生学习能力的提升，也使学生的学习成绩由个体的优秀变成群体的优秀，从而大幅度地提高了学习效率。人是社会动物，在团队探究中，人们的思维得到碰撞，互相受到启发。这对于理解和把握事物的本质、掌握事物的规律有着积极的促进作用。学习本身是思维的发展和探究，是个体思维对事物本质的把握。人们在探究和讨论中难免有各种歧义和错误，正是在对这些歧义和错误的辨识中，人们才掌握了理解的钥匙，增长了学习的能力；也正是在人们不断切磋、讨论、辩论提高的过程中，学习的标准在不断攀升，学习的绩效在不断提高。

与教育学相比，学习科学的基点发生了变化，学习科学对学科知识的态度发生了转变，带来学习方式的变革，随之带来的也是评价出现了根本性的变化。与教育学的终极性评价不同，学习科学更加强调“评价的关键原理是必须提供反馈和回溯的机会，而被评价的内容必须和学生的学习目标相一致”①。过去的评价往往在学期中或者学期末，是一个学习阶段的终结评价，而学习科学认为“作为教学的一部分，反馈应持续地做出而不是突然地进行”②，评价是伴随学习始终的，是学习过程中不可或缺的手段，即评价的目的不是比出高低，评出优劣，而是作为学习的一个过程，给被评价者更多的提高和进步的机会。

转变“终极”评价的观念，让评价回归学习过程是学习科学与教育学的又一个根本不同。学习科学指出：在评价中应注意，评价学生过程中不能把学生的学科成绩与学生的探究能力混为一谈，更不能用学科成绩代替对学生学习和探究能力的评价。要想改变过去“终结式”的评价，“学习科学面临的一个挑战就是应提供一个理论框架和评价实践连接起来”，学

① 李荐，方中雄．学习科学友善用脑［M］．北京：商务印书馆，2016.

② 约翰·布兰思福特．人是如何学习的［M］．程可拉，孙亚玲，王旭卿，译．上海：华东师范大学出版社，2002.

习科学提供的理论框架是“以能力的组成部分和要求为特征的评价使一般目标具体化”①，要求课堂教学中的评价要具体细致，不仅与学科教学内容紧密衔接，而且要与学生的能力发展、思维探究密切相关。评价是教师课堂上熔炼团队的重要手段，教师的评价要规则明确清晰，评判严肃公正，导向切实突出，分类清楚确切，这样才能达到促进教学、帮助学生提高的目的。在中国很多人热衷于推举“状元”，而“状元”更多的是以高考（即学科）成绩认定的，所以几十年我们宣传了成百上千的状元，却很难听到这些状元在以后的学习工作中为国家做出突出贡献的报道，我们反而在探讨“十几名”现象，即在学校学习成绩平平的学生，走上社会之后反而对社会的贡献超过了学习好的尖子生，这再一次从反面告诉我们终结性评价的缺憾，告诉我们以学科成绩代替能力评价的悲哀！

教育实践产生了教育学，教育学指导教育实践。教育实践及人的社会实践也是学习科学产生的基础，学习科学能够更有效地指导教育和人的学习。教育实践不可能完全依附于教育学，教育不仅依靠教育学的影响而存在、发展，学习科学同样深刻影响教育的改革和发展。

学习科学与教育学在课堂教学中的几点不同，是人类对“学习”深入研究的结果，也是人类对教育产生深刻反思的结果。学习科学研究学生“学”的机能，教育学探讨教师“教”的技巧。学习科学与教育学基点不同，自然产生了课堂上的中心不同，学习科学以学生为中心，教育学以教师为中心；学习科学重视知识的迁移，教育学关注知识的把握；学习科学重视学习过程中的团队作用，强调形成学习共同体的学习环境对学习的影响和促进作用，教育学则注重个人的思维发展和学业提升；学习科学把评价当作学习的过程，而教育学更加注重评价的结果。

教育实践产生了教育学，教育实践同样可以孕育学习科学。教育离不

① 约翰·布兰思福特. 人是如何学习的［M］. 程可拉，孙亚玲，王旭卿，译. 上海：华东师范大学出版社，2002.

开学科教学，学科与教育是什么关系呢？美国学者霍斯金认为：“所有学科都是以教育为缘起的”，在所有学科中“教育远非从属者，反而是统领者”，霍斯金所说的“教育”强调的是“教育实践”，而这一“永恒的教育”，是人类传承文明的必须，是社会历史发展的必然，它所关注的是社会的进步，注重的是“人”的全面发展。它是鲜活的，具有长青的生命力。而学习科学正是在这样的背景下，以人的生理、心理发展为基础，提出了符合人的学习实际，从根本上促进人的发展的新的学习范式。这种范式不仅转变了教育的基点，改变了课堂中心，变更了教学方式，也根本改造了教学评价。

建立以学习科学为基础的新型学习方式，教师为学生的学习和发展提供更加优质的课堂环境，更具学习意义的支持，是每个教师义不容辞的职责。教师履行职责的根本目的是为了学生的全面发展，为了促进社会更快的进步。而履行职责的关键，在于转变教师的观念，加强教师对学习科学理论的学习、理解和认识。

第三节　学习的要素

学习科学研究表明，学习是由学习者和学习环境共同构筑的一个整体，学习的主体要全部投入其中，学习环境中的各因素也对学习产生影响，学习过程中教师的引导、教室的环境、学习设备的使用、学习情景的创设等，都会对学习的效果产生影响。

在学习的整体中，不仅要研究学习者的身体、智力和情感因素，还要考虑学习环境中其他因素的交互影响和相互作用，使学习者在认识事物、把握事物规律的过程中，呈现出最佳的学习效果。学习科学理论的研究实践表明，学习是学习的主体与学习环境相互作用、相互依存，其中有诸多因素相互影响，最终由学习主体表现出学习效果的互动过程。学习有三大要素：学习者、学习环境、学习工具（见图 1-4）。

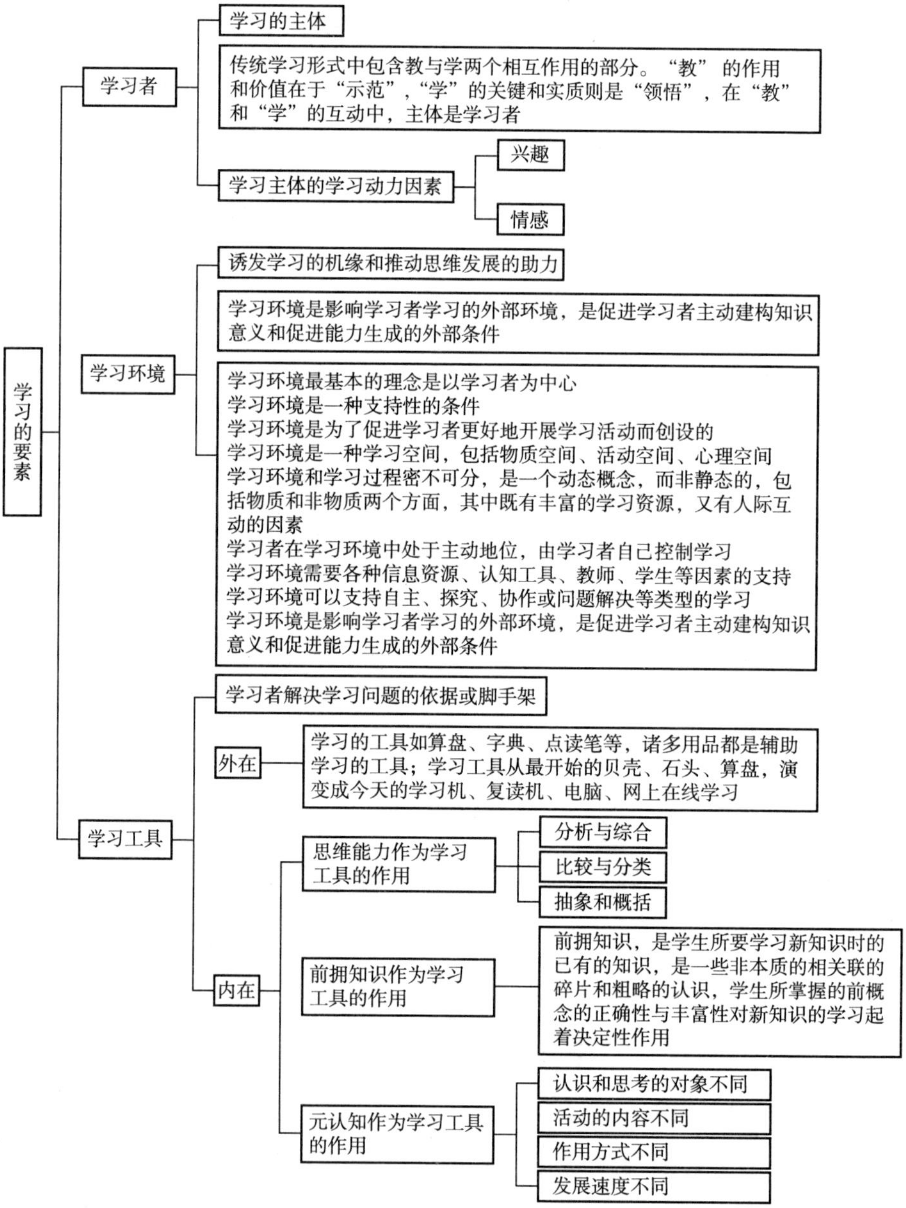

图 1-4 学习的要素

一、学习者

学习者是学习的主体。

传统的学习形式中包含教与学两个相互作用的部分。“教”的作用和价值在于“示范”，“学”的关键和实质则是“领悟”，在“教”和“学”的互动中，主体是学习者①。

战国时期（公元前475—前221年）诞生的《学记》是世界历史上最早专门论述教育和教学问题的著作，其中的两段话为我们阐明了“学”与“教”的关系，告诉我们学生才是学习的主体。“善学者，师逸而功倍，又从而庸之；不善学者，师勤而功半，又从而怨之。”② 这段话阐述了“教”与“学”的关系。善于学习的人，老师很轻松，而教学效果反而加倍，学生跟随老师学习便把功劳归于老师教导有方。不善于学习的人，老师很勤苦而学生收效甚微，学生跟随老师学习还要埋怨老师教导无方。由此可以看出，处于学习主体地位的是学生而非老师。学习活动中学生的“学”起决定性作用。老师“教”则主要是为了更好地辅助学生的“学”。“善问者，如攻坚木，先其易者，后其节目，及其久也，相说以解；不善问者反此。善待问者，如撞钟，扣之以小者则小鸣，扣之以大者则大鸣，待其从容，然后尽其声；不善答问者反此。此皆进学之道也。”善于提问题的人，就像木工砍伐坚硬的木头，先从纹理较顺的部位着手，再砍坚硬的节疤一样，功夫到了，学生就可以轻松地理解。不善于提问题的人恰恰与此相反。善于回答问题的人就如同撞钟一样，用力小，钟声弱，用力大，钟声则强，等到尽力撞击时，则发出最为洪亮的一声。不善于回答问题的人恰巧与此相反。从这段话中我们可以看出，“问”与“答”分别代表学生的

① 李荐，方中雄．学习科学友善用脑［M］．北京：商务印书馆，2016.

② 王文锦．礼记译解［M］．北京：中华书局，2016.

提问探究和老师的教导解答。从《学记》中有关提问和解答的论述中，可以看出学生的主动提问探究是学习的根本，老师的教导解答是为了辅助学生的提问解答。会提问的学生由表及里、由易到难地主动探究学习，即使遇到问题也能够在与老师的探讨中，愉快地找到问题的答案，解决问题。老师在回答问题时更是要从学生的提问出发，像敲钟一样把握回答的尺度，给予学生适当的启发。对于启发学生，孔子说：“不愤不启，不悱不发。举一隅不以三隅反，则不复也。”（《论语·述而》）表明了孔子对待教学的态度，即“启发式”教学。在学生充分进行独立思考的基础上，再对他们进行启发、开导，要求学生能够“ 举一反三”。这表明孔子认为学生是学习的主体，老师的教是为了更好地促进学生自主学习。

《说文解字》对“学”字的解释是“觉悟也”，是指对事物感悟理解过程中内心的真正领悟，是掌握了事物的本质。“educate”是英语“教”的意思，追寻英语拉丁词根的意思是“由内而生”，与《说文解字》中对“学”的解释完全一致。无论东方的“学”还是西方的“教”，都强调“学习者”作为学习主体的内心“领悟”和“由内而生”的理解。东西方文明远隔万里，但对“学”和“教”的理解不期而遇，这不能不让我们深入思考“教育”和“学习”的根本目的和实际价值，明确在教育过程和教学活动中唯一的主体永远是学习者。

著名教育家陶行知先生说：“好的先生不是教书，不是教学生，乃是教学生学。”①

在传统的教学过程中，很多时候老师在课堂上一厢情愿地承担起许多工作，按照自己设计的思路，完成自己制定的教学目标，很认真地“满堂灌”，学生被动听讲，毫无自主性，这样的方式极大地阻碍、制约了学生的学习。因此让学生成为课堂的主体，让学生成为学习的主体，给学生自

① 陶行知．教学合一［J］．基础教育，2008（2）：60-61.

主学习的机会，已成为师生必须树立的观念，同时也要改变“满堂灌”授课的方式，把课堂还给学生，把时间还给学生，把学习的主动权还给学生，让学生在自主学习中学会学习，提升能力。

（一）把握学习者动力因素

在学习过程中，学习的主体是学习行为的发动者和操作者，始终处在一个积极的主动的地位，因而成为学习过程中的主体。在学习活动中，学习主体的动力因素相当重要。

学习主体的学习动力因素之一是兴趣。爱因斯坦说：“兴趣是最好的老师。”[①] 日本教育家木村久一说：“天才就是强烈的兴趣和顽强的入迷。”[②] 这些话告诉我们：学习者要想成就自己的学业，就必须培养浓厚的学习兴趣。

心理学家认为，“兴趣”是指积极探究某种事物或进行某种活动的一种特殊的意识倾向。在学习活动中表现为学习主体对学习的特殊喜爱和强烈的倾向性，是学习动力因素中的重要组成部分。因此需要教师在学习活动中充分调动学生的兴趣。明确的学习目标可以激发学习兴趣，学习目标越明确，越具体，越切实可行，学习的兴趣就会越浓厚，学习的主动性也会越发强烈。在自主学习中，学生如果没有明确的学习目标，就如同行驶在沙漠中没有方向。近期的、具体的学习目标更容易实现，更容易让学生较快体验到成功和努力获得的快乐，从而学习信心越来越足，学习兴趣不断高涨，学习动机不断增强。

学习主体的学习动力因素还有情感。情感，就是人们在社会生活中产生的喜怒哀乐等心理反应。情感是重要的动力因素之一，在人们的学习活动中起着十分重要的作用。情感之中的热情和激情与一个人的成才有着密

① 爱因斯坦．爱因斯坦文集：第三卷［M］．北京：商务印书馆，1979（1）：144.

② 吴建珍．兴趣，通往知识殿堂的钥匙：浅谈激发学生学习数学的兴趣［J］．中国基础教育研究，2006，2（8）：137-138.

不可分的关系。

在2021年的全国两会上，民进中央副主席、最高人民法院副院长陶凯元委员在政协大会上发言指出，我国青少年学生心理健康状况堪忧①。调研发现，高达81%的教育工作者认为青少年学生心理问题与学业竞争有关系，“只要学不死，就往死里学”“多考一分，干掉千人”的口号就是写照。中国学生学业压力大、生活满意度低，外界过度竞争，内卷化带来的焦虑，都传递给了青少年。面对社会竞争、学业压力以及教育不当产生的大量心理高危学生，应协同全社会的力量进行抢救性干预。全国人大代表、北京师范大学中国教育政策研究院执行院长张志勇表示，青少年心理行为问题发生率和精神障碍患病率逐年上升，已成为关系国家和民族未来的重要问题②。

学习科学理论认为，学习是人的身体、智力和情感协调互动、共同作用下对事物的认知和把握过程③。如果只看到智力的因素，而且仅以分数为标准衡量优劣，忽视身体和心理的影响和作用，就会出现各种问题，给学生身心带来莫大的伤害。

著名教育家顾明远指出，要重视学生社会情绪的培养，培养学生开朗的性格，开放的心态，这一点十分重要④。当今世界是一个开放的世界、交往频繁的世界、合作的世界。学生要培养尊重他人、与人交往、与人沟通、与人合作的能力。世界各国都非常重视培养学生的社会情绪，联合国教科文组织把它作为学生应有的核心素养，要从小培养。有了积极的心态，在学习中就能与人合作，学习别人的优点，提高学习的效能。

学习情感不是凭空产生的，需要经过学校、家庭和社会的教育、培养

① 张骜，武红利．缺觉成中小学生“老大难”，政协委员提出3点建议［OL］．北京日报客户端，2021-03-08.

② 张志勇．急需建立中小学生心理问题干预机制［OL］．中国青年网，2021-03-08.

③ 李荐，方中雄．学习科学友善用脑［M］．北京：商务印书馆，2016.

④ 姚晓丹．学习需要竞争吗［N］．光明日报，2021-01-12（014）．

以及自己的长期锻炼。首先，个人的学习行动必须同国家、人民的事业，同时代的责任感和强烈的事业心紧密联系在一起。只有这样，才会产生高涨和持久的热情，并推动自己的学习活动勇往直前。其次，要具有永不满足、不懈进取的精神。再次，要善于在社会实践活动中培养学习的情感，因为有意义的社会活动可以培养高尚的、健康的情感。如学雷锋学英模、文体活动、竞赛活动，只要勇于参加，积极投入，就会帮助你形成良好的学习情感。

（二）了解学习者的学情基础

学习者的身体、智力和情感因素的相互协调，共同作用，构成学习过程最核心、最本质的内涵。提高学生学习的效果要从了解、掌握学生情况开始，即从学情调查开始。

友善用脑学情调查，是根据友善用脑的理念对学生学习情况进行的综合调查，也是对学生学习素质的调查。学习素质是人的先天遗传和后天习得的，在一定时间内相对稳定的学习能力和素养①。友善用脑所指的学情，就是学习者在“对事物的认知和把握过程”中，“身体、智力和情感协调互动、共同作用”的情况，“心智和行为产生持久变化”的程度，同时还有学习者在学习过程中所受到的环境影响。与基于经验的学情调查相比，基于科学的友善用脑学情调查不局限于凭借经验和感觉进行的“一般性的了解”，也不局限于对相关信息简单的现象描述，而是始于学情信息的收集获取，经过对学情信息的解析、诊断、评估，成于对学情信息所代表的教学意义的揭示，因而具有系统性、精确性和科学性。

作为对学习素质的调查，友善用脑学情调查主要从学生的认知倾向、思维类型、学习快乐度三个方面入手，了解学生学习的基本状况。

由于人的生理差异和生活经历不同，每个人的感官接收信息的敏感程

---

① 李荐，方中雄．学习科学友善用脑［M］．北京：商务印书，2016.

度以及大脑组织加工信息的方式各不相同，在认知上存在一定的倾向性，认知倾向是学生学习的基础之一。实践证明，人们倾向于根据自己熟悉的想法理解事物，很难用自己不熟悉的方法认识事物。“事实上，事物或想法的功能本身就成为一种定式”，这种附着某种思维特征的定式就叫作思维类型。认知倾向和思维类型，既表现了学生先天遗传的因素，也是学生后天习得的结果①。认知倾向和思维类型是学生学习的重要心理基础，是教师、家长必须要了解和把握的学生的重要信息，影响着学生的学习习惯，同时与课堂教学关系密切，也是改变课堂教学方式的主要依据。

学习快乐度调查是从学生的身体状况，家庭情况，社会交往，学习的物理环境，课堂教学氛围和学习习惯、过程和结果六个维度反映学生的身体、智力和情感状况，了解学生“乐学”或“厌学”的原因所在，以便帮助学生调整提高②。开展友善用脑学情调查，可以直观、科学地了解每个学生的不同特点，全面掌握影响学生学习的各种因素，更好地研究分析、指导帮助，实现因材施教，促进学生发展；可以通过定期持续的调查，动态地评估教学质量及学生发展状态，实现对学生个人学习情况及班级、年级、学校教育教学状况的及时把握；可以作为调整和改进课堂教学方法的依据，根据认知倾向和思维类型的不同，对学生进行组合搭配，调整教学方式和课堂活动设计，促进学生自主学习。

二、学习环境

学习环境是诱发学习的机缘和推动思维发展的助力。

学习中人的身体、智力和情感协调互动、共同作用。“共同作用”既强调在学习过程中，人的身体、智力和情感缺一不可，也强调人与学习环

① 李荐，方中雄．学习科学友善用脑［M］．北京：商务印书，2016.

② 李荐，方中雄．学习科学友善用脑［M］．北京：商务印书，2016.

境互相依赖、互相影响、互相作用，形成系统实现工作合力，达到掌握事物规律，取得良好学习效果的目的。

学习环境是影响学习者学习的外部环境，是促进学习者主动建构知识意义和促进能力生成的外部条件。对于学习环境，中外专家学者多有论述。

北京师范大学珠海分校教授杨开诚认为，学习环境是一种支持学习者进行建构性学习的各种学习资源（不仅仅是信息资源）的组合[①]。其中学习资源不仅包括信息资源、认知工具、教师等物理资源，还包括任务情境等软资源。北京师范大学博士生导师武法提教授认为，学习环境是一个动态概念，它与动态的学习进程是紧紧联系在一起的，是学习活动展开的过程中赖以持续的情况和条件[②]。他认为，学习环境的要素不仅是支撑学习过程的物质条件（学习资源），而且包括教学模式、教学策略、学习氛围、人际关系等非物质条件。北京师范大学何克抗、深圳大学师范学院李文光两位学者认为，学习环境是学习资源和人际关系的组合。学习资源包括学习材料（即信息）、帮助学习者学习的认知工具（获取、加工、保存信息的工具）、学习空间（比如教室或虚拟网上学校）等。人际关系包括学生之间的人际交往和师生人际交往[③]。

美国学者威尔逊（Wilson）认为，学习环境是这样一个场所，学习者在这里相互合作，相互支持，并且用多种工具和信息资源相互支持，参与解决问题的活动，以达到学习目标[④]。荷兰学者科施纳（Kirschner）认为，学习环境是学习者能找到充分的信息资料和教育辅助手段的地方，借助学

---

① 陆和萍，程学云．基于移动云平台的混合学习设计与实践［J］．电脑与电信，2018（8）：8-11.

② 武法提．基于 WEB 的学习环境设计［J］．电化教育研究，2000（4）：33-38+52.

③ 王蔚，杨成．移动协作学习活动环境设计［J］．中国远程教育，2012（6）：86-90.

④ 胡国强．我国混合学习研究热点及趋势的知识图谱分析［J］．高教论坛，2020（12）：114-123.

习环境，学习者能够有机会根据自身的情况及其与他人的关系构建定向基础，决定他们将介入的目标与活动①。美国教学设计领域专家乔纳森（Jonassen）认为，学习环境是学习者共同体一起学习或相互支持的空间，学习者控制学习活动，并且运用信息资源和知识建构工具解决问题。乔纳森认为，学习环境是以技术为支持的，在学习过程中技术是学习者探索、建构和反思学习的工具；他提出了认知工具和学习策略的重要性并且还考虑了社会背景的支持因素问题②。

综合以上国内外学者对学习环境的定义，我们发现，学习环境与学习场所、空间、支持、技术工具、信息资源、共同体、建构性学习、情况与条件、社会环境有着密切的关系，我们可以理解为：学习环境最基本的理念是以学习者为中心。学习环境是一种支持性的条件。学习环境是为了促进学习者更好地开展学习活动而创设的。学习环境是一种学习空间，包括物质空间、活动空间、心理空间。学习环境和学习过程密不可分，是一个动态概念，而非静态的；它包括物质和非物质两个方面，其中既有丰富的学习资源，又有人际互动的因素。学习者在学习环境中处于主动地位，由学习者自己控制学习。学习环境需要各种信息资源、认知工具、教师、学生等因素的支持。学习环境可以支持自主、探究、协作或问题解决等类型的学习。学习环境是影响学习者学习的外部环境，是促进学习者主动建构知识意义和促进能力生成的外部条件。

（一）情感学习环境

情感学习环境由三部分组成：心理因素、人际交互和策略。学习者的学习观念、学习动机、情感、意志等心理因素对学习动机的激发，学习时

---

① KIRSCHNER P. 旨在获得学习能力和专业能力的学习环境设计［J］. 盛群力，沈敏，译. 远程教育杂志，2004（4）：17-23.

② 毕经美. 面向智慧校园 推动教学改革——基于智慧学习的思考［J］. 职教通讯，2016（3）：46-49.

间的维持和获得良好的学习效果有着直接的影响；人际交互（包括自我交互）的顺畅也同样对学习者的自主学习起着不可小觑的作用；教学策略和学习策略直接影响学习者学习效果的好坏。

为了给学生提供良好的情感学习环境，需要通过各种手段营造有效的学习情境。学习情境要促进学生智力活动的展开，吸引学生的注意力，关键是要提供学生感兴趣的问题，这是有效学习情境的根本特征。学习情境中的问题与知识本身相异，学生不可能在课本上找到现成的答案，教师更不应当替他们作答。只有经过艰苦的，同时又趣味盎然的探索过程，学生才能真正理解知识的深刻意义，并获得情感体验。在这个意义上，问题也是一项任务，要求学生身体力行地追问和求解。因此，需要创设活动性情景内在地蕴含解决问题的要求。

学习情境的创设不能拘束于知识内容，应面向学生的现实生活，在学生鲜活的日常生活环境中发现、挖掘学习情境的资源，其中的问题应当是学生日常生活中经常遭遇的一些问题。当然，学习情境应该与知识内容相联系，但不能是知识的另一种面目，而应该是能够体现知识发现的过程、应用的条件，以及知识在生活中的意义与价值的一个事件或场景。只有这样的情境才能有效地阐明知识在实际生活中的价值，帮助学生精确理解知识的内涵，激发学生学习的动力和热情，并促使学生把知识转化为技能。换言之，学习情境应来自学生的生活世界。“生活世界”是德国哲学家胡塞尔提出的概念，其基本的含义是指个人或各个社会团体生活于其中的现实而具体的环境①。生活世界是一个主观、相对的世界，是一个日常的、非抽象的世界。我们生活、学习于生活世界之中，知识也来源于生活世界，是优先于知识世界的一个先在世界。学习情境化，面向生活世界是必由之路。

依据学生的日常生活创设学习情境，也意味着学习情境具有真实性，

① 王文鹏．胡塞尔“生活世界”理论的德育启示［J］．教育理论与实践，2008，28（36）：26-28.

其中所包含的问题是真实的问题。只有在真实的学习情境中，学生才能切实弄明白知识的价值。如果仅仅对知识进行转化，或者仅仅对真实的生活场景给予简单虚拟，就很有可能设置一些虚假的问题，从而消解学习情境应有的功能。

（二）学习情境的作用

学习情境的作用体现在四个方面。首先，创设情境有利于学生循着知识产生的脉络准确把握学习内容。思维起始于问题而不是确定的结论。杜威在“五步思维法”中指出，思维活动可分为五个阶段：第一步，问题；第二步，观察；第三步，假定；第四步，推理；第五步，检验[①]。学习情境的核心是与知识相对应的问题，因此，创设学习情境能够模拟地回溯知识产生的过程，从而帮助学生深刻理解教学内容，发展思维能力。其次，创设学习情境还能够帮助学生顺利实现知识的迁移和应用。通过具体情境中的学习，学生可以清晰地感知所学知识能够解决什么类型的问题，又能从整体上把握问题依存的情境，这样，学生就能够牢固地掌握知识应用的条件及其变式，从而灵活地迁移和应用学到的知识。再次，创设学习情境有利于激发学生的学习兴趣。在学习情境缺失的教学活动中，学生常常缺乏对知识应有的兴趣，因为知识在这样的教学中是以确定结论的面目出现的，不需要学生积极的智力活动——即使存在一些智力活动，也是按照规定的路径进行的推理。没有问题的教学不能引起学生强烈的探索和求知欲望，反而会消减学生的学习热情。可以说，创设学习情境是激发学生内在学习兴趣不可缺少的。学习情境还能够使学生在学习中产生比较强烈的情感共鸣，增强情感体验。学习情境把抽象的知识转变成有血有肉的生活事件，而生活事件中均包含或强烈或含蓄的情感因素。创设、呈现学习情境，有利于克服纯粹认知活动的缺陷，使学习成为一种包括情感体验在内

① 约翰·杜威．我们如何思维［M］．伍中友，译．北京：新华出版社，2010.

的综合性活动，对于提高学习效果具有重要的积极意义。

（三）学习情境的复杂性

复杂性是学习情境应具备的另一个基本特征。实际上，真实性在某种意义上意味着复杂性。书本上以文字符号表述的知识是从具体情境中抽象出来的，相对于复杂多样的现实生活而言，把其对象简化了。而学习情境就是现实生活，是一个个基本上未被简化的事件。这样的事件是多元的、开放的、不断变化的，即是复杂的。抽象知识也可能是复杂的，难以理解，但它没有生活事件那样纷繁多样、变化万端。

复杂性科学的理论进一步确证了生活世界的复杂性特征。复杂性科学是指 20 世纪 80 年代以来正式兴起的研究复杂系统行为与性质的科学，与简单性科学或线性科学相对立。世界是复杂多变的，虽然存在着简单的事物，但同时存在着众多难以预测的复杂系统。复杂性的根源主要包括：源于系统结构的复杂性，源于开放性即环境的复杂性，源于不确定性的复杂性，等等。复杂性的概念具有本体论意义，即大量的系统在本质上是复杂的。传统的简单性科学把世界描绘成一幅图景：受普遍规律的制约，按照不变的规则构成，秩序井然，人类可以凭借理性加以控制……复杂性科学挑战这种观点，指出这是对人类思想的误导，世界其实是极端复杂的。来源于现实生活的学习情境当然也应具备复杂性的特征。

在传统教学模式的影响下，不少教师从自己的需要出发考虑学习情境的创设和呈现。这种教师本位的做法是对学习情境的歪曲。创设学习情境的根本目的是充分发挥学生学习的主动性，帮助他们学得更透彻。事件应是学生日常生活中的事件，问题应是学生会遭遇的问题。教师认为不存在问题的情境，学生可能有疑问；反之，教师以为学生会困惑或感兴趣的事件，学生的实际情况可能并非如此。因此，学习情境应主要关注学生的生活世界，应在保证学生主体地位的前提下由师生共同建构，不能由教师单方面提供给学生。不能体现学生主体性的学习情境不可能是最优的学习情境。另一方面，学习情境的创设也不能仅考虑单个学生的需要。当代主体性教育理论已经否定了单纯在个人层面上定义主体性的做法，实际上，主体性教育包括主体间性教育。“主体间性是指主体与主体之间的相互性与统一性，是两个或多个个人主体的内在相关性。它以个人主体为基础……是主体与主体在交往活动中表现出来的以交互主体为中心的和谐一致性，强调的是各主体之间的相互理解与沟通，以实现认同、达成共识。”① 注重主体间性，在创设学习情境时，就应当选择能够促进教师与所有的学生共同的交互活动的事件。学习情境既不能以教师为中心，也不能聚焦于个体的学生，而应着眼于多个主体，即教师与每个学生之间、学生与学生之间活跃的交互活动，以共同建构学习的意义。

三、学习工具

学习工具是学习者解决学习问题的依据或脚手架。

工具的本意是工作时所需用的器具，引申为达到、完成或促进某一事物的手段。学习的工具如算盘、字典、点读笔，诸多用品都是辅助学习的工具；学习工具从最开始的贝壳、石头、算盘慢慢地演变成今天的学习机、复读机、电脑、网上在线学习。

有专家指出，工具就是替代人的一部分功能，提高人在某一方面的能力，或者说工具是对人器官的延伸。比如，弓箭就是对人手的延伸，让我们可以够得着远处的猎物。汽车就是人脚的延伸，让我们可以跑得更快。望远镜、显微镜是人眼睛的延伸。电脑，顾名思义就是大脑的延伸。这可以说是一个解读工具的方向。

关于工具最新的解读，观点很有创意。那就是，工具消除了人与人之间的不合理优势。什么是不合理优势？举一个例子来说，两个人打架，一

① 尹艳秋，叶绪江．主体间性教育对个人主体性教育的超越［J］．教育研究，2003（2）：75-78.

个个子大，一个个子小，个子小的自然打不过个子大的，这就叫不合理优势。但是如果有了工具，比如说一根棒子，那武艺就起作用了，两人之间个子大小的差距就缩小了。大家目前讨论最多的人工智能，其本质上也是种工具，是为了消除不合理优势，比如记忆力的差别、计算力的差别等。

对于学习工具，各种观点见仁见智，主要的是让人理解：想要学懂知识，很重要的一点，就是需要有效的学习工具。对于学习者来讲，有用的学习工具很多，什么是最重要的、最好的呢？应该明确的是学习工具可以分为外在的和内在的，上面提到的学习工具，如算盘、字典、点读笔，以至学习机、复读机、电脑、网上在线学习、人工智能等，对于学习者来说都是外在的。内在的学习工具主要是什么？人是以所具有的思维能力、前拥知识、元认知为工具进行学习的。这是最重要的、最好的学习工具。人们熟知外在的学习工具，很容易理解，这里不再赘述，下面着重解读内在的学习工具。

内在的学习工具都有独特之处，都会对学习产生积极的作用，只要能够充分运用，都可以提升学生的学习效率和学习能力。

（一）思维能力的作用

思维最初是人脑借助于语言对事物的概括和间接的反应过程。思维以感知为基础又超越感知的界限。通常意义上的思维，涉及所有的认知或智力活动，探索与发现事物的内部本质联系和规律性，是认识过程的高级阶段。思维是人类所具有的高级认识活动。按照信息论的观点，思维是对新输入信息与脑内储存知识经验进行一系列复杂的心智操作过程①。

思维的方式有分析与综合、比较与分类、抽象和概括，学习者正是运用这些思维工具实现学习的目的，获得成果的。这些学习工具各有各的特点和优势。

1. 分析与综合

分析与综合是最基本的思维活动。分析指在头脑中把事物的整体分解

① 刘颖，苏巧玲．医学心理学［M］．北京：中国华侨出版社，1997：27-28.

为各组成部分的过程，或者把整体中的个别特性、个别方面分解出来的过程；综合指在头脑中把对象的各组成部分联系起来，或把事物的个别特性、个别方面结合成整体的过程。分析与综合是相反而又紧密联系的同一思维过程中不可分割的两个方面。没有分析，人们则不能清楚地认识客观事物，各种对象会变得笼统模糊；离开综合，人们则对客观事物的各部分、个别特征等有机成分产生片面认识，无法从对象的有机组成因素中完整地认识事物①。

2. 比较与分类

比较是在头脑中确定对象之间差异点和共同点的思维过程。分类是根据对象的共同点和差异点将对象区分为不同类别的思维方式。比较是分类的基础，比较在认识客观事物中具有重要的意义。只有通过比较才能确认事物的主要和次要特征，共同点和不同点，进而把事物分门别类，揭示出事物之间的从属关系，使知识系统化②。

3. 抽象和概括

抽象是在分析、综合、比较的基础上，抽取同类事物共同的、本质的特征而舍弃非本质特征的思维过程。概括是把事物的共同点、本质特征综合起来的思维过程。抽象是形成概念的必要过程和前提③。

学习工具是内在的、无形的，特别值得一提的是有一种学习工具是思维工具的工具，对提升学习能力非常有帮助，也是学生很容易接受的一种学习工具——思维导图。

思维导图是近几年在中国流行起来的，老师运用"思维导图"帮助学生梳理知识、建立框架、协助记忆与思考，建立宏微结合、关联进阶、局部整体把握的技巧，培养学生的逻辑思维能力、写作能力，开启学生大脑

---

① 刘颖，苏巧玲．医学心理学［M］．北京：中国华侨出版社，1997：27-28.

② 刘颖，苏巧玲．医学心理学［M］．北京：中国华侨出版社，1997：27-28.

③ 刘颖，苏巧玲．医学心理学［M］．北京：中国华侨出版社，1997：27-28.

的无限潜力。

思维导图的优势在于：第一，让思维可视化。思维本身是无法被看到的，而思维导图利用图文并重的方式，使思维得以显现。第二，锻炼逻辑思维能力。思维能力包括记忆能力、理解能力、创造能力。这些能力的提升需要大脑不断的运作才能实现。绘制思维导图是对思维能力的运用，能够指引、激发、组织思考，从而使人们习惯系统地把握知识，养成联想思维的习惯和寻求事物之间内在联系的习惯，发展人们的思维。第三，提升学习能力。思维导图可以将复杂事物简单化。有些难以记住的学习内容，用思维导图通过联想想象记忆，很容易记住，而且还不容易忘记。

总之，思维导图是有助于记忆的创新图形笔记法，是帮助大脑进行多角度、全方位思考的学习工具，是人类发散性思维的外在表达。

（二）前拥知识的作用

前面说到，思维是对事物的间接反映，思维通过其他媒介作用认识客观事物，及借助于已有的知识和经验，已知的条件推测未知的事物。思维的概括性表现在对一类事物非本质属性的摒弃和对其共同本质特征的反映①，其中“借助于已有的知识和经验”，指的就是前拥知识。

前拥知识，又称前概念，前科学概念，在学习中泛指学生在学习新课前，对所学知识已有的认识和了解，即学生在学习某个概念之前，已对周围与之相关的事物及现象有了一定的认识和了解，同时初步形成了一些自己的观点和看法，这些看法就是学生的前概念。前概念是学生对所要学习新知的已有的知识基础，是一些非本质的相关联的碎片而粗略的认识，学生所掌握的前概念的正确性与丰富性对新知的学习起着决定性作用。

学生在进入学校之前并非一块白板，而是带着日常经验和在其他情景中获得的先前知识、信念等走进教室的，这些经验、知识、信念被称为前

---

① 刘颖，苏巧玲．医学心理学［M］．北京：中国华侨出版社，1997：27-28.

拥知识或前概念。

前概念在学生的学习中扮演着非常重要的角色。科学概念的形成建立在它的前概念基础之上。当科学概念和前概念比较一致时，学生就容易理解；反之，他们就会觉得很难。所以在实际的课堂学习中，教师需要把握住学生的前概念，使学生的学习有的放矢。

前概念来源于人的实践活动，是由学习主体的认识活动产生的。学习者的前概念可分成两类，一类是在提供给学生一定的预备知识之后，再辅之以有关的实验引导，学习者便完成新知识的学习，掌握形成了正确的科学概念。从结构上说，这类概念在学生头脑的形成是在前概念的基础上认知同化、深化、系统化的过程。另一类前概念在学生的原有经验中，在学生的头脑中已经有了相当长的发展时间，却并非科学的概念。比如，学生在日常生活中经常看到铁块沉于水中的现象，于是就在头脑中形成了铁块可以沉没于任何液体中的前概念。当演示铁块漂浮于水银面上时，许多学生根本不相信，认为这是在玩魔术。这就是前概念对科学概念学习的影响。在这种情况下，教师必须努力促使学生原有认知结构的解体和新认知结构的建立，以实现学习真实有效的发生。

（三）元认知的作用

元认知是指人们预测他们在各种任务中表现的能力（如他们能够记住各种刺激的程度）以及对目前的理解和掌握程度进行监控的能力。

美国心理学家 J. H. 弗拉维尔提出[①]，元认知即对认知的认知。例如，学生在学习中，一方面进行着各种认知活动（感知、记忆、思维等）；另一方面又要对自己的各种认知活动进行积极的监控和调节。这种对自己的感知、记忆、思维等认知活动本身的再感知、再记忆、再思维就称为元认知。元认知主要包括元认知知识、元认知体验、元认知监控等成分。

---

① 弗拉维尔．认知发展（第 4 版）［M］．上海：华东师范大学出版社，2007.

元认知和认知都属于人的认识和思维活动，二者的区别主要表现在四个方面：

1. 认识和思考的对象不同

认知活动的对象是外在的、具体的，如记忆的对象是某个具体的事件或某篇文章，阅读的对象是某段具体的文字；而元认知的对象是内在的、抽象的，是主体自身正在进行的认知活动。

2. 活动的内容不同

认知活动的内容是对认知对象进行某种智力操作，例如，阅读某篇文章，通过对这篇文章的字词进行辨认，句子、段落进行理解，最后达到对文章的整体把握。元认知活动的内容是对认知活动进行调节和监控，如阅读中的元认知活动有明确阅读目的，将注意力集中在阅读材料中的主要内容上，对当前阅读活动不断进行调节，自我提问以检查阅读效果，随时采取修正策略，等等。

3. 作用方式不同

认知活动可以直接使认知主体取得认知活动的进展，例如，个体阅读一篇文章，就可以知道这篇文章的大意、中心思想。而元认知只能通过对认知活动的调控，间接地影响主体的认知活动，例如，通过自我检查确认主体的阅读是否达到预期目标。

4. 发展速度不同

从个体认知发展看，元认知落后于认知的发展。研究表明，婴儿出生以后就有了一定的认知能力，而幼儿到了学前期才开始获得一些零星的、肤浅的元认知能力，这时元认知能力才开始发展。在大学生中，元认知能力存在极大的个体差异，通过加强对元认知的学习和培养，能使大学生的元认知能力获得迅速发展和提高。

从本质上讲，元认知是不同于认知的另一种现象，反映了学习者对自己“认知”的认知。同时两者又是相互联系、不可分割的，认知是元认知的基础，没有认知，元认知便没有对象；元认知通过对认知的调控，促进认知的发展。元认知和认知共同作用，促进和保证学习者完成认知任务，实现学习目标。

元认知在学习中发挥着重要的作用，能够指导学生对学习材料进行认知加工。有研究表明，元认知监控水平的高低是影响学生学习成功与否的关键因素，学生不仅要能够理解自己的学习方式，还要能调节和控制自己的学习过程，需要知道什么学习策略对自己有用，同时了解运用这些学习策略的恰当时机。

元认知对学生的学业成就具有重要意义。王（Margaret Wang）、哈泰尔（Geneva Haertel）和沃伯格（Herbert Walberg）描述了元认知与学习结果的关系。结果显示，元认知是影响学习效果的 200 多个因素中最重要的。元认知因素包括：理解监控（计划、监控有效性、评估和修订学习策略）、自我调节、自我控制策略（控制注意力）和促进概念产生的积极策略。其他影响较大的因素包括：与同龄人交朋友的能力，学习动机，完成学习任务的毅力、智力水平，基本技能，以及先备知识①。有专家指出，学习者对它的重视不够。普通学生习惯盲从于教师的命令，缺乏自我监督的习惯。学生应该掌握元认知学习工具，在不同的学习情境中加以应用②。

学习科学让人们科学地、全面地、系统地理解学习，学习是由学习者和学习各因素共同构成的一个整体，学习者与学习的因素相互依存、交互影响、互相作用，才使学习者得以完成学习的过程，通过学习认识事物、把握事物规律，获得新的知识和能力，使人对自然和社会的认知不断进步和提升，心智和行为产生持久的变化，从而推动人类从必然王国走向自由王国。

---

① 施澜，郑新华．基于“学会学习”的元认知理论与教学启示［J］．文教资料，2020（16）：178-180.

② 施澜，郑新华．基于“学会学习”的元认知理论与教学启示［J］．文教资料，2020（16）：178-180.

第二章

学习如何"嗨"起来

学习既然是一个以学习者为主体，以情境触发为源起的、通过一定的工具和手段，探索和解决问题的过程，那么，从本质上说，学习一定是一件快乐的事情，一定具备让人感到"嗨"的基本要素。《现代汉语词典》对"嗨"的解释中有一条与象声词"嘿"的一个义项相同，"表示得意"，在对原字解释中是以感叹词"嗨哟"为注的，"多人一起从事重体力劳动时，为协调彼此的动作而发出的有节奏的声音。"可见"嗨"有得意、协调共振并且由衷发出感叹的意思。用"嗨"不过是要表示学习过程中的一种状态，是一种比喻，一种在学习过程中呈现出来的氛围。这种氛围包含了高效学习、深度学习，甚至学习中的"高阶思维"所描述的一切学习中的"质"的追求，却没有从学术的角度对这种氛围做出任何界定。因为高效、深度和高阶都是具有相对性的术语，如果不对这个具有"相对性的术语"进行明确、清晰的量化界定，这些学术定义是没有任何价值和意义的。"嗨"只是让这种状态在学习过程中呈现出来，现象一定反映本质，有了这种"嗨"的状态，一定会有真实的学习在学习者身上发生，高效、深度、高阶也一定会随之而来。

让学习"嗨"起来，就要了解什么是学习？人是如何学习的？在学习过程中哪几个基本点必须要坚持，必须要做到位。我们认为让学习"嗨"起来，第一要尊重学生学习的主体地位，从学生角度说就是学生要有学习的"自信"。在学习上我们要发展学生"所有制"。"所有制"是一个经济术语，是指人们在生产资料所有、占有、支配和使用等方面所结成的经济关系，就是谁所有，谁说了算。在学习上发展学生所有制，就是要确立学生的"学本"地位，学习既然是学习者的学习，那么知识的获得与占有、支配和使用都应该以学生为中心，应该按照适合学生的学习方式进行学习。

虽然我们提倡"以学生为本"已经很多年了，每个老师都能朗朗上口地说出来，但是真正在课堂中体现出来，让学生深切感到课堂是自己的却非常难。原因是学生的主体地位并没有在课堂上真正确立，“老师不教，学生不会”的思想在老师的头脑中根深蒂固，直到今天，“按我的方法学习”仍然是大多数老师在课堂上尊奉的圭臬。在这样的教学过程中，学生学习的自信很难确立，而一个在学习上没有自信的人，是很难完成艰巨的学习任务的。因此确立学生的主体地位，充分尊重学生，让学生树立起学习的自信，是让学生学习“嗨”起来的充分必要条件。

学生要对学习产生“兴趣”，兴趣的外在因素是情境，内在因素是唤起对学习的好奇与内驱。“兴趣是最好的老师”，兴趣由何而来？首先来自学习者身边的事物，在某种意义上说，人的生活空间就是一个“场域”。场域概念是法国社会学家皮埃尔·布迪厄（Pierre Bourdieu）提出的，是指人的每个行动均被行动所发生的场域所影响，而场域并非单指物理环境而言，也包括他人的行为以及与此相连的许多因素。当我们处在某一场域中，周围的人、事和物就会对我们发生影响，而这种影响能够激发我们的关注与好奇，甚至触发我们研究的动机。1998 年，美国教育咨询专家埃伦·阿罗德（Ellen Arrnold）博士在《友善用脑学习》的文章提出了一个公式，“动机=关联+选择”，“关联”是指让学生学习的知识要与学生的生活发生关联，关联得越多，学生学习的欲望就越强烈。“选择”是指在学习过程中给学生一定的选择权利，学生自主决定的范围越大，学生的学习动机就越强烈。总之，激发学习兴趣是让学习“嗨”起来的一个重要因素。

当学生激发了学习兴趣，有了自我选择权的时候，学生的学习自主性也就随之产生了。自主是让学习真实发生的一个重要因素，包含学生自主选择学习方式、自主安排学习计划、甚至自主决定学习科目，同时自主决定学习的全过程。自主在某种程度上也是人的责任的体现，责任与担当既符合人的心理需要，也促进了人的自信心和责任感。

“专注”是学生在学习过程中的投入。当学生沉浸在学习过程之中，学生的学习一定是全情的、深度的、高效的，学生的思维一定是高阶的。

事实上学生的投入和专注是学习的持续，既是学生学习中的一种习惯，也是学生学习过程中的一个阶段。

“交流”是学生在学习过程中，一定会遇到很多困难，使学生产生与“同伴”交流的内心期待，在交流中学生自我反思、自主调整，共同提高和进步，这时学习上升到了一个新的阶段，在这一阶段中学生不仅形成了共同体，而且在学习共同体中发展了学习的“元认知”，最终促使学生学习能力的生成。

在学生学习的五个链条中，“自信—兴趣—自主—专注—交流”形成了学生学习“嗨”状态的“五个一”。即以学生为主体的，充分相信学生的，一个学习自信的必备条件；以情境触发内驱，点燃学习热情的，一个诱发兴趣的机制；以自主抉择、自主探究为主要特征的、一个自主学习过程；以学习中全情投入为典型代表的沉浸式的一个专注学习阶段；以交流、反思为内心需求的，内外互动、促进学习的共同体和发展元认知的自我评价和调整的一个学习获得和能力提升的交流支架。抓住这“五个一”，就能产生学生学习“嗨”的状态。当然“五个一”也有内在的联系与特征，学习自信是学生成功学习的必备条件，是学生从事学习的基础和保证。而诱发兴趣、自主学习、全情投入和交流提升则是学习的过程和结果（见图 2-1）。

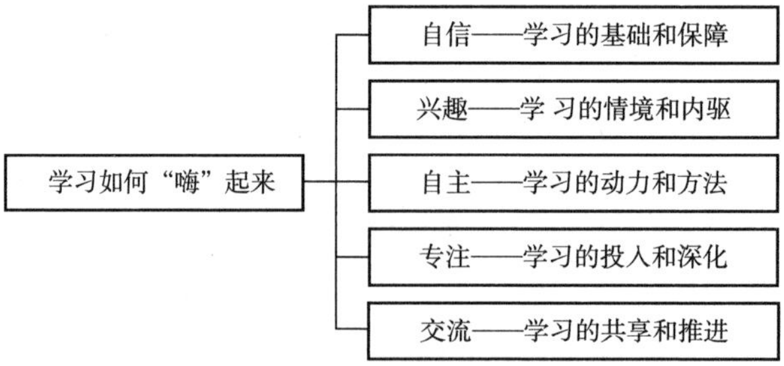

图 2-1 学习“嗨”状态的“五个一”

第一节　自信是学习的基础和保障

学习是促进学生思维发展的过程，学习需要以人的生理、心理为基础，需要了解大脑的工作机制，顺应大脑的工作机制，推进学生思维发展，提高学生学习能力，促进学生综合素养的提高。顺应机制，就是遵循规律。学习科学研究的是人是如何学习的，探究的是人的学习规律。人的学习需要物质基础，即人的身体和大脑，人的学习也需要精神活动，指人的智力和情感的投入。如果我们把人的智力活动界定为是学生学习的主要活动，那么人的情感，比如，自信、兴趣等就是人学习的精神内驱。既然人的学习是身体、智力和情感交互作用，共同探究和把握客观规律的过程，那么在学习过程中，学生的学习自信，就是搞好学习，促进思维发展的重要保障。

自信是人学习中的重要基石，也是人的一种重要心理品质。自信是个体人格的重要组成部分，反映个体对自己是否有能力成功地完成某项活动的信任程度的心理特性，也称为信心①。传统教育学把学生作为被动的知识“容器”，学习方法以死记硬背为主要手段，极大伤害了学生学习的信心。人本主义心理学家马斯洛在心理需要层次理论中，把自信定义为自尊需要获得满足时产生的一种美好的情感体验②。在传统的课堂教学中，广大学生显然不可能产生这种美好的情感体验。心理学家把能力（competence）和自我接纳（self-acceptance）作为自信的两个主要维度和构成因素，并进一步指出，能力是掌握和控制自我及环境的感觉，自我接

① 安玲，刘文．自信心研究新进展：结构，方法及展望［J］．社会心理科学，2010（Z2）：19-23.

② 车丽萍．国外关于自信的研究综述［J］．心理科学进展，2002（4）：418-424.

纳则意味着"包含个人承认自身缺点的自我尊重"①（见图 2-2）。

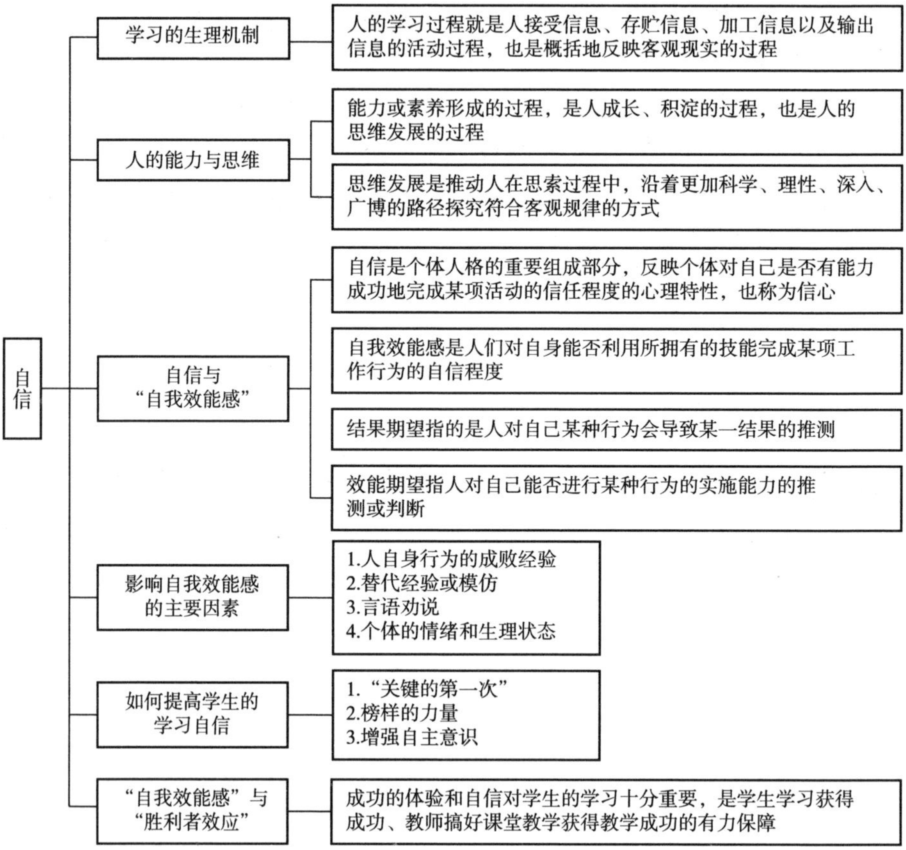

图 2-2　自信是学习的基础和保障

一、学习的生理机制

学习既然是以"人"为中心，探究事物发展规律的活动，那么学习的基础和保障就聚焦在人的学习机能上。就一般学习者而言，这一基础是有的，大多数学生是没有任何问题的。但是对人的学习机制在学习中是如何

① 车丽萍．国外关于自信的研究综述［J］．心理科学进展，2002（4）：418-424.

运作的问题的了解，无论是学习者还是学习指导者，大家都知之甚浅，我们习以为常的一些做法，有很多地方和人的认知规律相去甚远，甚至是南辕北辙，这就影响了学习的效率，也自然会影响学生思维的发展。

人在学习过程中，通过眼耳鼻舌口、四肢和躯干接受外界的刺激，通过神经系统把接收到的信号传输到大脑。大脑包括左右大脑半球，两个半球通过胼胝体传递信息，大脑是调节机体功能的器官，也是意识、精神、语言、学习、记忆和智能等高级神经活动的物质基础。覆盖在大脑左右半球上的灰质皮层是由神经元组成的，是思维的物质载体。

灰质皮层分为额叶、颞叶、顶叶、枕叶。额叶（Frontal Lobe）位于中央沟前，额叶的功能与推理、计划、情感、问题解决以及部分的言语和运动（运动皮质）有关。颞叶（Temporal Lobe）位于侧间沟的下面，颞叶与感知、辨认听觉刺激（听觉）和记忆（海马区）有关。顶叶（Parietal Lobe）位于中央沟后，顶叶与触觉、压力、温度和疼痛的感知有关。枕叶（Occipital Lobe）位于脑的后部、顶叶和颞叶的后面，与视觉有关。

科学家把大脑皮质划分成52个区，每个皮质区都显示出不同的机能特点，如运动区、感觉区、视觉区、言语机能区等。当人通过各个器官接收各种信息，就会通过神经系统把信息传导到相应部位，当大脑接收到信号，会从相应区域把需要的信息输出完成指令。人的学习过程就是人接收信息、存贮信息、加工信息以及输出信息的活动过程，是概括反映客观现实的过程。由此可见，社会生活和大脑的生理机制是人学习的重要基础。

二、人的能力与思维

能力是与人的思维直接联系起来的。能力是完成一项目标或任务所体现出来的综合素质，《现代汉语词典》的解释是：能胜任某项工作或事务的主观条件[①]。在心理学上能力被解释为：人们顺利完成某种活动所必须具备的个性心理特征[②]。上述定义表明，第一，能力是内在的，比如：体现出来的“综合素质”“主观条件”和具备的“心理特征”；第二，能力是动态的，是在“完成”“胜任”中体现或表现出来的；第三，无论是“综合素质”“主观条件”，还是“心理特征”，都是日积月累、逐渐积淀而成的。能力与素质、素养是近义词，素质一般是指事物的本来性质，人的基本素养和心理的先天特质。而素质一词显得更加静态，是一个人内在的获得，能力则是在解决问题过程中的外化表现。素养一词除了具备素质的基本内涵外，更加强调在积累过程中的养成。能力或素养形成的过程，就是人成长、积淀的过程，也是人的思维发展过程。

思维发展是目前教育领域经常谈到的一个词，什么是思维呢？《词源》中说：“思维就是思索、思考的意思”，就是古人在《说文解字》中所说的“思”和“想”。“思”《说文解字》说：“容也。”段玉裁注曰：“睿（Jun）也。睿也各本作容也。或以伏生《尚书》思心曰容说之。今正。”容是容纳、包容、大度、宽厚的意思，表示思想的博大精深和气度的恢宏广阔。段玉裁做了一个修正，思的本意应该是“睿”的意思，而“睿”《说文解字》的解释是“深通川也。深之使通也。睿与叡睿音义皆相近。”所以段玉裁认定“思”的解释应该是“睿”。睿是深通的大川，只有深才能使其通，万吨巨轮是不能在小河沟中通行的，思想的深邃，能给人们带来更多的启示和解决问题的办法，“睿”在字形上又与“睿智”的“睿”相近，段玉裁就更加坚定了“思”的解释是“睿”的想法。细想一下段玉裁的说法是有道理的，容只是宽大，睿不但具有宽大恢宏的意思，而且有深、有聪明睿智的意思，那么这个字包含了宽宏、深通、睿智的意思，

---

① 中国社会科学院语言研究所词典编辑室．现代汉语词典［M］．北京．商务印书馆，2005.

② 刘文．心理学基础［M］．南京：南京大学出版社，2018：303.

应该更加符合思的原意。“想”《说文解字》的解释是“冀思也”，冀是希望、期盼的意思，思包含了宽宏、深通、睿智，由此可知，思想既有主观期待和个人意愿，又有深厚广博和明睿融通。这正是主客观的协调统一，又是内与外的沉蓄与表达。

从生理学讲，思维是一种高级生理现象，是脑内一种生化反应的过程，人们把以语言作为刺激的反应系统称为第二信号系统，与以电、声、光等感官直接接收的信号作为刺激的反应系统，即第一信号系统的本能反应相区别。可见思维是外部客观事物在人大脑中的反映，但不是简单机械地存在，而是经过深通、睿智、宽博的思索，在人的大脑中的沉积与熔炼，它将在人今后的生活和工作中对人产生积极而持久的影响。从思维的本质讲，思维是具有意识的人脑对客观现实的本质属性、内在规律自觉的、间接的和概括的反映，是认识的理性阶段。人们在感性认识的基础上，形成概念，并用其构成判断（命题）、推理和论证，在此基础上形成的“思维”将对人的心智和行为产生持久的影响和变化，能够影响人的一生。思维发展就是推动人在思索过程中，沿着更加科学、理性、深入、广博的路径，探究符合客观规律的方式，以解决现实问题，构建美好生活，达到人类生活幸福的彼岸。

三、自信与“自我效能感”

人是有差异的，也是不完美的，比如，性别差异、年龄差异等都对自信心产生一定的影响。有的科学家做过心理实验，总体上在一些竞技等激烈抗争的工作中，女性比男性表现出更少的自信心①。但在有些情境中，比如，细致的工作中，女性比男性更加自信。还有心理学家研究发现，4~

① 董奇，林崇德．当代中国儿童青少年心理发育特征——中国儿童青少年心理发育特征调查总报告［M］．北京：科学出版社，2011.

9年级的儿童自信随年龄增长呈下降趋势①。人的自信还与在变换的环境中个体的成功体验有关。心理学上把这种成功体验和感受称为“自我效能感”，这一概念是美国著名心理学家班杜拉（Bandura）于20世纪70年代在《思想和行为的社会基础》中提出的②。从20世纪80年代中期开始，自我效能感理论得到了丰富和发展，也得到了大量实证研究的支持。但至今关于自我效能的概念界定并非十分明确，因此也给自我效能的测量及其应用研究带来了一些困惑。

自我效能感是人们对自身能否利用所拥有的技能去完成某项工作行为的自信程度。一个人在不同的领域中，其自我效能感是不同的。因此，并不存在一般的自我效能感。任何时候讨论自我效能感，都是指与特定领域相联系的自我效能感。学生学习数学，在数学学科的成功使他获得了自我效能感，但是并不意味着这个学生在英语学科中也能获得相等的自我效能感，因为这是不同的领域，学生自身关于英语和数学的相应技能并不一致，所以学生的自信程度完全不同。班杜拉在他的动机理论中指出，人的行为受行为的结果因素与先行因素的影响。行为的结果因素就是通常所说的强化，除了强化之外，他还提出了“期望”的概念，他认为，除了结果期望外，还有一种效能期望。结果期望指的是人对自己某种行为会导致某一结果的推测，学生知道上课注意听讲，就有可能获得他所希望取得的考试成绩，于是他就会认真听课。而效能期望指的是人对自己能否进行某种行为的实施能力的推测或判断。学生希望认真听讲，知道认真听讲可以带来好成绩，但是当学生感到自己没有能力听懂教师所讲的内容时，也可能会影响他认真听课。效能期望更多的是人们在获得了相应的知识、技能后，对自己的能力的一种期望，因此知识技能就成为自我效能感行为的决

---

① 陈长彬，郦瞻．自我效能感研究进展［J］．劳动保障世界，2017（17）：26-30.

② （美）班杜拉．思想和行为的社会基础［M］．林颖，等，译．上海：华东师范大学出版社，2001.

定因素①。

四、影响自我效能感的主要因素

班杜拉研究了影响自我效能感形成的主要因素。班杜拉认为，第一，人自身行为的成败经验，这个效能信息源对自我效能感的影响最大。一般来说，成功经验会提高效能期望，反复的失败会降低效能期望。第二，替代经验或模仿，人的许多效能期望来源于观察他人的替代经验，关键问题是观察者与榜样的情况的一致性是否非常相似。第三，言语劝说，言语劝说的价值取决于它是否切合实际，缺乏事实基础的言语劝说对自我效能感的影响不大，在直接经验或替代性经验基础上进行劝说的效果会更好。这就像老师有时在课堂上，随意说出的“你真好”“你真棒”，对学生的奖励作用不大。第四，个体的情绪和生理状态。一般来说，当一个人处于消极情绪状态中，对自我效能的判断时常有误，要么自我扩大，要么自我缩小。比如，处于焦虑、悲观等情绪状态时，很容易降低在特定情景中对自己效能的正确判断，与此同时，假若一个人生理状态不佳，或患有较严重的疾病，或存在生理上的缺陷，也容易加重自卑感或焦虑情绪，进而使自我效能感呈现负性状态，从而产生对自己能力的不确定性——影响自信的正常程度②。

自我效能感影响或决定人们对自己行为的选择，以及对自己选择行为的坚持性和努力程度，影响人们的思维模式和情感反应模式，进而影响新行为的习得和习得行为的表现。自我效能感高的人，一般期望值高，愿意显示成绩，遇事理智处理，乐于迎接应急情况的挑战，能够控制自暴自弃的想法，需要时能够发挥智慧和技能，获得最佳结果。自我

---

① 陈长彬，郦瞻．自我效能感研究进展［J］．劳动保障世界，2017（17）：26-30.

② 魏韶琳，欧立寿．浅析自我效能感与自信心培养［J］．当代教育论坛，2005（1）：126-127.

效能低的人，则畏缩不前，显示失败，情绪化地处理问题，在压力面前束手无策，容易受惧怕、恐慌和羞涩的干扰，当需要时他们的知识和技能水平无以正常发挥。可见自我效能感与自信心是水乳交融、密切联系的两种心理状态，增强自我效能感既是培养自信心的基础条件，也是培养自信心的基本途径①。

传统课堂教学中，不注意创设学生个人成功学习的平台，学生在被动的环境中无以展示自己的技能和知识，甚至学生的替代经验和模仿的机会都不多，也很少受到老师的表扬，或者恰如其分的夸赞，学生的情绪和心理状态也不可能达到积极良好的境况，学生的学习自信很难树立起来。传统教学中唯一的评价就是考试，而在考试中获得优异成绩的学生是有可能产生自信的，但是考试成绩优异的学生毕竟是少数，大多数学生则是在这样的教育状态下，学习自信心不断泯灭，使学习走向负循环。因此，培养和提高学生的学习自信心，必须以增强学生自我效能感为切入点，在课堂上多给孩子学习成功的心理体验，让我们的教学在以提高自信心为着重点的思路系统中展开，不断增强和发展学生学习的主观能动性，为学习打好坚实的心理基础，提供重要的学习支持和保障。

五、如何提高学生的学习自信

（一）增强成功的心理体验

按照自我效能感理论，增强学生成功的心理体验一定要重视“关键的第一次”，尽力获得首次成功②。学习是一个探究的过程，探究又是一个综合复杂的系统，因此可以首先选择一个点作为突破，比如，在语文学科中语言表达是一个重要方面，作文是表达的书面化，如果学生能够流畅、自

① 魏韶琳，欧立寿．浅析自我效能感与自信心培养［J］．当代教育论坛，2005（1）：126-127.

② 魏韶琳，欧立寿．浅析自我效能感与自信心培养［J］．当代教育论坛，2005（1）：126-127.

然、丰富、清晰地表达，那么学生的作文成绩提升不是难事。可是多数学生又羞于表达，特别是在大庭广众之下，容易慌、容易焦躁，老师可以创造让学生课堂表达的机会，让学生面对全班学生大胆说出自己的想法，并鼓励和帮助学生一次比一次表达得更好、更加吸引人。当某个学生第一次走上讲台面对大家表达的时候，老师应该有意地做好准备工作，帮助这个学生做好第一次公开发言，培养他的自信心。并且由此为开端，力求让他不断获得更多的成功感，逐渐强化他的成功心理体验。

学习是一个社会活动，要想不断取得学习的成功，获取帮助是取得成功的重要因素，让更多的人帮助自己制订合理的活动计划，设想活动中的各种困难，以及提出战胜困难的具体方法都是取得成功的保障。同时要增加个人努力的程度，尤其是自己活动前的心理准备、知识准备、技能准备等，要把各种准备做充分，活动中要深度挖掘自己的潜能，灵活机智地应对各种复杂情况，这些对于获得成功都具有决定性的意义①。在争取第一次成功时，审视任务的难度也是一个重要问题，要按先易后难、循序渐进的方法，选择适合自己能力的任务，切忌贪大图多、盲目蛮干，避免“第一次”失败。当然，加强自己内心建设，注重成功体验，充分享受成功的快乐，都有利于增强自我效能感，进而培养和提高自信心。

（二）榜样的力量是无穷的

与他人比较是人的一种天性，替代经验和效仿也是自我效能感的一个重要方面。在选择比较对象和为自己寻找榜样时，比较的对象应该是与自己“相近的人”，这样才能促进自我主体心理的发展，尤其是自我意识的发展。具体而言，要选择与自己工作能力接近者进行比较。即与自己的能力相比大致相差不多，最好是略高一些的人或略低一些的人。这样才具有可比性，而且更有助于从他们的成功行为信息中看到自己的价值，形成正

① 魏韶琳，欧立寿．浅析自我效能感与自信心培养［J］．当代教育论坛，2005（1）：126-127.

确的自我评价动机。要选择与自己性格相似者进行比较，性格相似者可缩小与比较对象的心理距离，能以客观的态度看待比较对象的成功。要选择与自己工作条件大致相同者进行比较。工作条件包括工作的性质、内容、环境及设施等，由于与比较对象同在一条起跑线，他人的成功更有助于认识自己，提高自信水平①。

（三）增强自主意识

积极客观的自我认知与评价是自信的基础与核心。只有具备了较强的自我认知与评价能力，才能够让主体独立参与计划和完成其所属团体的活动，增强其独立思考及分析问题、解决问题的能力，从而肯定其自身的力量，增强自信心。同时，也能避免其过于自信，从而产生自负心理。增强自主意识，要增强自我评价能力，要有自我解剖、自我分析和自我评判的能力。增强自主意识，就要增强自我调控能力，一个人在不同的心境条件下，对自己的认识会有不同的结果，其自信的程度也会发生变化。因此，努力增强自己情绪的调控能力，对于增强自主意识，提高自我效能感和自信心，具有很重要的意义②。

六、“自我效能感”与“胜利者效应”

为什么要增强学生的成功体验呢？心理学中有一个“胜利者效应”，泰森锒铛入狱数年后复出，经纪人巧妙设计了两场比赛，对手实力远低于泰森。不出所料，泰森赢得了这两场比赛。紧接着安排强大的对手布鲁诺出场，泰森因为有了前两场的胜利，这一次战胜了对手，再次获得金腰带，重新走上事业巅峰。“胜利者效应”是一种重要而有趣的现象，都柏林大学圣三一学院心理学教授伊恩·罗伯逊曾在《胜利者效应》中讲述从

① 魏韶琳，欧立寿．浅析自我效能感与自信心培养［J］．当代教育论坛，2005（1）：126-127.
② 魏韶琳，欧立寿．浅析自我效能感与自信心培养［J］．当代教育论坛，2005（1）：126-127.

动物到人类世界发生的各种“胜利者效应”的故事。2017年，浙江大学胡海岚团队在《科学》杂志上发文，揭示了成功如何重塑大脑——“胜利者效应”的脑机制。胡海岚说：“成功经历会重塑从中缝背侧丘脑投射到前额叶皮层神经通路的突触连接强度，从而影响后续竞争中的表现。”[①] 也就是说，在胜利了若干次之后，大脑发生了质变，神经突触连接强度显著增加了，有效地帮助人们继续进阶并维持在更高的等级地位上。看来成功的体验和自信对学生的学习十分重要，是学生学习获得成功，教师搞好课堂教学获得教学成功的有力保障。

自信是学习的基础和保障，因为自信是学习的起点，在教学过程中教师培养学生的自信心非常重要。在人的思维过程中，宽宏、深通、睿智固然很重要，但是如果没有“冀思”的“冀”，宽宏、深通、睿智就缺少了一个基点，学习也缺少了情感支撑。情感是学习中的一个重要组成部分，毕竟学习是人的身体、智力、情感交互作用，共同探究客观规律的过程。学习促进人的思维发展，而人的思维发展是一个探究和积淀的过程，探究中人们会遇到各种困难，如果没有坚定的心理支撑，人很容易在困难面前当逃兵；积淀也是一个细致、琐碎的麻烦活，没有强大的意愿，工作不能很好地完成。所以，我们说“自信心是思维的一个支点”，一点也不为过，它的重要性也就显而易见了。班杜拉的自我效能感研究，为我们培养学生的自信心提供了理论基础和实践方法，他告诉我们人的学习是主动的，人能否利用自己的技能处理或完成各种任务的自信程度，与完成任务的结果关系十分密切。人的自我效能感的培养是树立学生自信心的重要途径，培养人的自我效能感的过程，就是培养学生自信心的过程。班杜拉通过增强成功体验、替代经验和效仿、外界言语鼓励、个体情绪和生理状态管理几个方面告诉我们如何帮助学生树立自信心。其中人的成功体验，又有“胜

① 周亭亭，胡海岚．胜利经历重塑丘脑——前额叶皮层神经通路以稳固社会等级［J］．中国细胞生物学学报，2017，39（11）：1379-1382.

利者效应”的研究和实践，给予了有力的佐证。由此我们应该充分认识“自信”在学生学习过程中的重要性，让学生在学习中“嗨”起来，没有“自信”的保障是不行的，可以说，要想让学生学习“嗨”起来，老师第一步要做的工作就是树立学生学习的自信心。

树立学生的自信心的前提是充分相信和尊重学生，首先，要相信“每个学生都是天生的学习者”，把学生放在一个平等、互动的地位，不能把学生当成是被动接受的容器，任老师随意摆布。传统的教师一言堂的课堂，根本没有学生发挥和交流的机会，学生只是学习过程中的“一只耳朵”，根本没有学习的主体地位，学生和老师也没有处在同一个层级上，不确立学生的主体地位，对学生的尊重和平等是无从谈起的。从根本上说，学生的主体地位，是树立学生自信的关键，学习科学要发展学生所有制，把学生的主体地位推到极致，从根本上保证和确立学生的主体地位，从而在学习过程中树立学生的学习自信。其次，学生的自信心需要培养、需要呵护。树立学生的自信心是一个不断发展、逐渐完善的成长过程。老师要对学生有殷殷的期望，有耐心的等待，有热情的帮助，同时也有必要的规劝。老师要遵循心理发展的规律，帮助学生逐渐树立起自信，让学生的自信像在学生心头长出的幼苗一样，茁壮成长、生根发芽，为学生今后的学习奠定良好的基础。再次，培养学生的自信需要创造良好的文化环境，让学生在自主体验、互帮互学、彼此勉励的氛围中，通过自我把控、自我调整、自我养成，形成学习中的坚强自信。

在培养学生自信的过程中，也要教会学生正确认识自己，恰当评价自己，既不能妄自菲薄，也不能盲目自大。妄自菲薄不能建立自信，而盲目自大会使自己招致失败，受到重创。良好的文化环境，是培养学生自信所必需的社会基础，即是彼此间的尊重、友善，思想的开放、自由，同伴与师长间的批评和帮助。有了尊重和友善，就建立了平等的根基；有了开放和自由，就有个性飞扬的条件；有了批评和帮助，每个人既不会卑躬自惭，也不会张扬无度，这是形成自信的良好的社会文化氛围。

总之，自信是学习的重要基础和保障，帮助学生建立自信，需要老师遵循学生生理和心理的规律，科学理性地开展教学，这是让学生学习“嗨”起来的至关重要的第一步！

第二节　兴趣是学习的情境和内驱

兴趣是心理学名词，是个人力求接近、探索某种事物和从事某种活动的态度和倾向，是个性倾向性的一种表现形式。《现代汉语词典》对兴趣的解释是“喜好的情绪”，兴趣也称为“爱好”，《现代汉语词典》对爱好的解释是：“对某种事物所具有的浓厚兴趣”。首先兴趣是一种个人的意愿、态度和情绪，是个体意愿和潜在需求的体现，兴趣具有主观性、内在性。其次兴趣一定产生于现实的情境中，现实的刺激激发了主体的好奇，客观的场景唤起并满足了主体内心的需求，兴趣具有客观性、适配性。兴趣在人的心理行为中具有重要作用，一个人对某事物感兴趣时，便产生特别的注意，对该事物观察敏锐、记忆牢固，围绕这个事物产生的思维也异常活跃，甚至对这个事物产生深厚的情感，由此兴趣对人的行为具有推动性、持久性。

学习离不开兴趣，民间有一句话“兴趣是最好的老师”，是说兴趣对人的学习能够产生巨大的推动力，因为对某件事情有兴趣，会千方百计寻师访友解决问题。在课堂上要想让学生“嗨”起来，不激发学生的学习兴趣是不行的，古今中外大的教育家都十分关注兴趣在学生学习中的作用，他们也想尽了一切办法激发学生的学习兴趣（见图 2-3）。

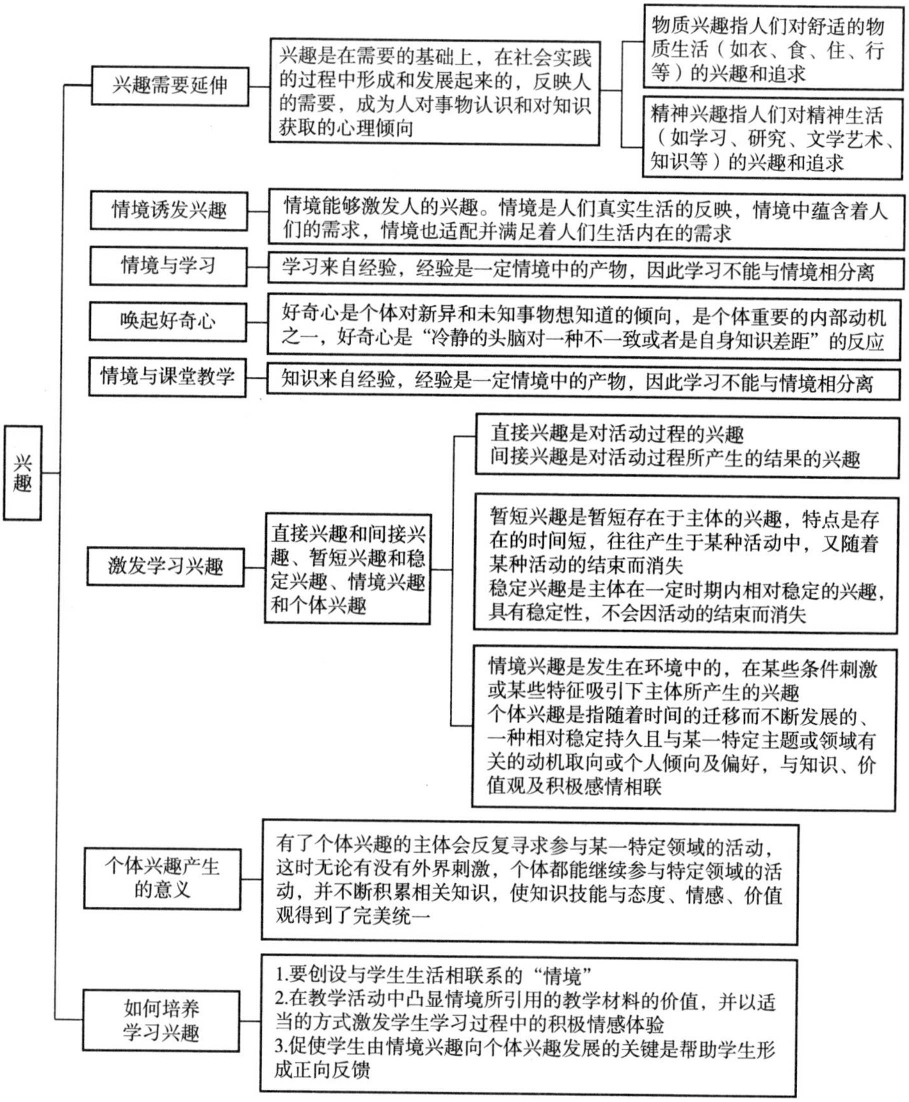

图 2-3　兴趣是学习的情境和内驱

一、兴趣需要延伸

兴趣是在需要的基础上、在社会实践的过程中形成和发展起来的，反映人的需要，成为人对事物认识和对知识获取的心理倾向。一个人只有对某种客观事物产生了需要，才有可能对这种事物发生兴趣。例如，一个人感到学习知识的必要，才有学习知识的要求，然后产生对学习知识的兴趣。皮亚杰指出：“兴趣，实际上就是需要的延伸，它表现出对象与需要之间的关系，因为我们之所以对于一个对象发生兴趣，是由于它能满足我们的需要。”① 激发学生的学习兴趣，必须了解学生，知道学生需要什么，满足学生的需要才能够激发学生的学习兴趣。人的需要是多方面的，根据兴趣的内容，可以把兴趣分为物质兴趣和精神兴趣。物质兴趣主要指人们对舒适的物质生活（如衣、食、住、行等）的兴趣和追求；精神兴趣主要指人们对精神生活（如学习、研究、文学艺术、知识等）的兴趣和追求。儿童在成长过程中更多的是对物质的兴趣，一块橡皮、一个棒棒糖、一朵小红花都能激发儿童的兴趣；青少年时期，精神兴趣得到发展，开始对文学、艺术、体育、科技感兴趣。这一时期老师和学校要为学生安排丰富多彩的文化、艺术、科技和体育活动，引导青少年向高雅的精神领域发展他们的兴趣。中小学生处在人生观和世界观形成的过程中，无论物质兴趣还是精神兴趣都需要学校和老师进行积极引导，以防止在物质兴趣方面的畸形发展，在精神兴趣方面低级庸俗的追求。

二、情境诱发兴趣

兴趣是需要的延伸，兴趣需要客观事物的诱发，没有客观事物——“情境”这个载体，兴趣也无以落地。杜威在《教育中的兴趣和努力》中说：“真正的兴趣是自我通过行动与某一对象或观念融为一体的伴随物，因为必须有那个对象或观念维持自我主动的活动。”② 个人是兴趣的主体，“他的对象”是激发主体产生“伴随物”的“情境”，兴趣由个人意愿和

① 皮亚杰．教育科学与儿童心理学［M］．傅统先，译．北京：文化教育出版社，1982.

② 约翰·杜威．学校与社会·明日之学校［M］．任钟印，译．北京：人民教育出版社，2004.

需要出发，在情境中落脚，形成一个能够激发学生学习热情的“伴随物”——兴趣，进而对学生的学习产生积极持久的影响。情境是在一定时间内各种情况的相对或结合的境况，情境也被称为情境或境地。截取某一个时间段，在一个具体的场景中，人物的情感、境地相对或结合在一起，就形成了一定的情境。情境能够激发人的兴趣，是因为情境是人们真实生活的反映，情境中蕴含着人们的需求，情境也适配并满足着人们生活内在的需求。

三、情境与学习

由于情境与生活有着密切联系，能够激发人们的兴趣，很多教育家倡导利用情境促进教学。20 世纪初，杜威提出要把情境学习运用在课堂教学中，他认为：“生活是真正的教育家，而学生求学的地方却成为世界上最难取得实际经验的地方。要把社会搬到学校和课堂中。”[①] 在他看来，学校环境应该是一种像家庭一样或者像真实的工作场景那样，与学生生活息息相关，只有真实的情境才能促进学生学习和成长，让他们在真实的情境中获得实际生活中有用的经验。杜威说过：“思维起源于直接经验的情境”[②]，“教育是以经验为内容，通过经验，为了经验的目的；从做中学，从经验中学；教育即生活，教育即经验的改组与改造。”[③] 在杜威看来，学习来自经验，经验又是一定情境中的产物，因此学习绝对不能与情境分离。教育只有从学生的实际生活经验出发，学生才能在真实的生活中学到对生活有用的经验，这样的教育才能完成自身的任务。由此可见，课堂教学中不能没有情境，抽掉了情境，就抽掉了知识存在的根基，因此，需要学校和老师为学生创造符合学生生活实际，与生活紧密相连的知识产生的情境，这

---

① 约翰·杜威．学校与社会·明日之学校［M］．任钟印，译．北京：人民教育出版社，2004.

② 约翰·杜威．我们如何思维［M］．伍中友，译．北京：新华出版社，2010.

③ 约翰·杜威．杜威教育论著选［M］．赵祥麟，译．上海：华东师范大学出版社，1981.

就是杜威所说的“教育即生活”。杜威对生活和情境的关注，使人们开始注意情境在教育以及学生成长中的作用。1929 年，怀特海在《教育的目的》中提出了“惰性知识”的概念，他认为：“在无背景的情境下获得的知识，经常是惰性的和不具备实践作用的。”① 学生在学校中学到的知识仅是为了考试，不具备实践应用价值，是没有意义的，学生不能灵活运用他所学的知识，这些知识就是“惰性知识”。因此，学校应该从相关的或真实的情境中传授知识，让学生在真实的情境中理解知识、掌握知识。怀特海关于“惰性知识”的概念给教育提出了一个新的课题，人们在更加广阔的背景中开始思考教育、探索教育、实践教育。

陶行知是中国伟大的教育家，他师从杜威，毕业以后在中国毕生致力于教育事业，对中国教育的现代化做出了开创性的贡献。1921 年，陶行知先生提出“活的教育”的思想。他用生动形象的比喻说明“活的教育”的内涵，花草到了春天享受了春光，太阳光的照耀、雨露的滋养使花草茁壮生长。活的教育，好像在春光之下，受了滋养的小苗，一天天进步，一天天成长。春天、太阳、花草、小苗和它的茁壮成长，就是一个具体的场景，就是教育的情境吗？1932 年，陶行知创建山海工学团，提出“工以养生，学以明生，团以保生”，将工场、学校、社会打成一片，进行军事训练、生产训练、民权训练、生育训练等，还开展小先生运动，促进教学的改革。陶行知先生始终把教育的真实情境和教育鲜活的内容结合在一起，他提出了“六解放”，让学生在真实的生活情境中自由地想、自主地干、自己观察、自我表达，让学生在开放的空间和时间里自主不断探究学习的真谛。陶行知的教育实践，把教育的情境扩大到了生活的每个角落，极大地激发了学生的学习兴趣②。

① 怀特海．教育的目的（第 2 版）［M］．北京：三联书店，2014.

② 华中师范学院教育科学研究所．陶行知全集（第一至八卷）［M］．长沙：湖南教育出版社，1984-1992.

四、唤起好奇心

为什么要强调真实情境的重要？因为真实情境能够激发学生的好奇心，引起学生学习的兴趣。好奇心是个体对新异和未知事物想知道的倾向，是个体重要的内部动机之一。作为个体重要的人格特征，好奇心一直受到哲学、教育学和心理学等领域内众多学者的关注。物理学家爱因斯坦对“神圣的好奇心”推崇备至，把它看作人类最宝贵的品质。在个体的成长过程中，好奇心是个体学习的内部动机，也是引发兴趣、保持学习内驱的重要来源，有人把好奇心看成是个体心理健康的重要标志之一。同时强烈的好奇心还是创造性人才所具有的鲜明的个性特征之一，好奇心与个体的探究行为，兴趣的建立与培养，健康的学习和发展，以及创造思维的培养都密不可分。研究兴趣不可能不研究好奇心，有人把好奇心看作是一种原始的本能，把个体对新鲜事物的接纳看作是一种适应。好奇心是“冷静的头脑对一种不一致或者是自身知识差距”的反应①，由此可见产生好奇必须制造不同，形成差异，有了不同和差异，就容易引起主体的关注与好奇。第二次世界大战之后，世界教育进入了调整期，苏联教育对中国的教育产生了巨大的影响，苏霍姆林斯基的《兴趣的秘密何在》翻译到中国后，引起了中国老师的关注，在这篇文章中苏霍姆林斯基探讨了情境对于兴趣产生的作用，阐述了激发好奇对于兴趣产生的重要②。以后休金娜的《教学中兴趣形成的若干迫切问题》也对教学情境进行了探讨，给中国老师很多帮助和启发③。

---

① 黄骐，陈春萍，罗跃嘉，等．好奇心的机制及作用［J］．心理科学进展，2021，29（4）：723-736.

② 苏霍姆林斯基．兴趣的秘密何在［J］．综合实践活动研究，2013（3）：1.

③ 郭戈．西方教育中兴趣学说的探索历程［J］．教育史研究，2019，1（1）：122-134.

五、情境与课堂教学

20 世纪 80 年代以来，随着对兴趣本质的研究在世界范围内出现复兴迹象，情境又成为课堂教学和学生学习中专家们讨论的重要话题。这一时期对情境的研究已经脱离了思辨色彩，开始转向实证探究。1987 年，瑞兹尼克在美国教育研究协会的就职演说（《学校内外的学习》）中，对校内和校外的学习进行了深入的比较，她认为，校内的情境是有目的、计划和意义的，强调学习者“智力工作”的抽象推理，以及知识与技能的获得，而在日常生活中的情境，人们则更偏重于使用工具解决问题。校内的学习是个体化、抽象的；而校外的学习则具有合作、情境化、具体等特点与优势[①]。在情境的研究中，瑞兹尼克的演说及相关论著区分了真实情境和学校情境的差别，挖掘了学校情境中思维的落脚点，对情境教学的发展起到了里程碑的作用。1989 年，布朗、柯林斯和杜吉德从心理学视角对情境学习进行研究，发表了《情境认知与学习文化》的论文，他们指出：“知识与活动是不可分的，知识在活动中，在其丰富的情境中，不断地被运用和发展，知识具有情境性。”[②] 他们强调了知识与情境的关系，学习与活动的关系，把学习放到了更广阔的社会文化氛围中，进一步强调了学校教学运用情境化活动的重要性。

当我们梳理情境研究的发展史，再一次感到了人类认识的螺旋发展态势，从杜威、陶行知的“生活即教育”的情境，到布朗等人的知识是具有情境性的，知识是活动、背景和文化产品的一部分，知识正是在活动，在其丰富的情境中，在文化中不断被运用和发展的。学习知识，思考和情境是紧密联系的，知与行是相互交融的，知识处在情境中并在行为中得到进

① 高彤彤，任新成．多元智能理论与情境教育的发展［J］．上海教育科研，2015（3）：40-44.

② 关丽．情境学习理论下的大学生生命观教育维度分析［J］．教育教学论坛，2018（33）：266-267.

步和发展。100 多年人类探究的路径既有坚持不懈，又有生活印证与不断发展。1991 年，莱夫和温格从人类学的视角对情境学习进行研究，出版了《情境学习：合法的边缘性参与》，提出了三个核心概念，即实践共同体、合法的边缘性参与以及学徒制①。他们强调学习不是把抽象的、去情境化的知识从一个人传递给另一个人，学习渗透在一个特定的情境即特定的社会和自然环境之中，学与用要结合起来，从人类学视角开始关注在社会这个大情境下获得知识，而非仅从学校中获得知识。1993 年，格里诺和穆尔提出了情境性在所有认知活动中都是根本性的②。在他们看来，理解的获得远远不及学习的内涵，学习包含着建立一个“对他们在其中使用工具的世界，和对工具本身进行日益丰富的内在的理解”，这个理解是由在其中学习和应用这种理解的情境促成的。1996 年，麦克莱伦出版论文集《情境学习的观点》，是情境学习理论研究的阶段性成果。该论文集从不同层面为读者展示了情境学习理论和实践研究，在情境学习与课堂教学，情境学习与计算机，情境学习的评价、案例研究与开发等方面有了进一步的发展③。

六、激发学习兴趣

兴趣是学习的引擎，情境是诱发兴趣、涵育兴趣、稳固兴趣的母体。回顾情境研究的发展历史，一方面让我们了解情境在激发兴趣过程中的客观性、适配性，能引起人们对客观事物的关注，客观事物又在某种程度上能够满足人们一定的心理需求，诱发人们对某种事物产生兴趣；另一方面让我们了解兴趣在学生学习过程中的推动性和持久性。在心理学发展史

① 莱夫．情景学习：合法的边缘性参与［M］．王文静，译．上海：华东师范大学出版社，2004.

② 高文．情境学习与情境认知［J］．教育发展研究，2001（8）．

③ 王文静．情境认知与学习理论研究述评［J］．全球教育展望，2002（1）：51-55.

上，人们对兴趣进行了深入研究，心理学家把兴趣划分为直接兴趣和间接兴趣、短暂兴趣和稳定兴趣、情境兴趣和个体兴趣。

心理学家认为，直接兴趣是对活动过程的兴趣；间接兴趣是对活动过程所产生结果的兴趣。比如，小朋友喜欢游戏，是孩子们喜欢游戏的过程，无论是跳皮筋、打扑克，结果对他们并不重要。而当一个学生学习了英语，当他在故宫或其他旅游景点遇到了外国人向他寻求帮助，这个学生用英语为外国人解决困难感到很满意，使他对学习英语的结果产生了兴趣，就是间接兴趣。

短暂兴趣是短暂存在于主体的兴趣，其特点是存在的时间短，往往产生于某种活动中，又随着某种活动的结束而消失；稳定兴趣是主体在一定时期内相对稳定的兴趣，具有稳定性，不会因活动的结束而消失。如果一个人只有短暂兴趣而没有稳定兴趣，最终将一事无成，这种见异思迁的特点是缺乏意志的表现；只有稳定的对某种事物的兴趣，而没有对其他事物的短暂兴趣，人生也会过于单调。因此，人既要有短暂兴趣，又要有稳定兴趣。

情境兴趣是发生在环境中的，在某些条件刺激或某些特征吸引下主体所产生的兴趣。情境兴趣的激发是一个兴趣从无到有的过程，情境兴趣是人与特定情境交互作用的结果。情境兴趣起源于察觉，察觉是人的心理意识对客体的集中反映。在察觉过程中，客体从主体所接受的各种信息中凸显出来，使学生意识到客体具有某种意义，这种意义与其原有的知识经验相吻合并相互作用，于是主体便产生了对这一客体的认知倾向，这时情境兴趣便被激发出来。个体兴趣指随着时间的迁移而不断发展的，一种相对稳定持久且与某一特定主题或领域有关的动机取向或个人倾向及偏好，与知识、价值观及积极感情相连。情境兴趣和个体兴趣两者之间相互影响，没有情境兴趣，就不可能产生稳定长久的个体兴趣，在情境兴趣的基础上个体兴趣才能够产生和发展。虽然个体兴趣的产生以个人在某一特定领域所积累的知识经验为基础，但其最初的知识获得和体验都是来自情境兴趣，是情境兴趣点燃了主体的好奇心，只有在情境兴趣产生的基础上，才会有主体对知识和体验的积累，并由此形成一定的知识结构和个人经历。个体兴趣对情境兴趣的产生也会发生影响，个体兴趣可以影响个体的价值观，并通过影响个体的行为导致个体知识经验积累的不同，从而使得不同个体在同样的情境下会有不同的反应，或者反应强度不一致。

七、个体兴趣产生的意义

如何把情境兴趣转化为个体兴趣？情境兴趣的保持是情境兴趣被激发后存在的一种心理状态，被激发的情境兴趣能在一定时间内不衰退，个体会向特定领域投入更多的精力，提高对特定领域的参与度，从而形成个体兴趣。在情境兴趣的激发阶段，学生对事物的兴趣仅停留在表象阶段，高度依赖刺激物或活动本身，仅出现一般的认知倾向性，还没有探究欲望，兴趣的稳定性和持久性较差。如果不能进一步促进学生的探究欲望，那么随着刺激条件的消失，被激发的情境兴趣很快就会消失。比如，有些学生看了机器人展览，看到机器人做了很多工作很感兴趣，如果学生没有把机器人展览与计算机编程、物理学的动手制作等联系起来，并不能引起学生的探究欲望，看完展览之后，学生被激发起的情境兴趣很快就会消失。如果能够引导学生进一步做些计算机编程的小探究，促使学生充分理解机器人的工作原理，知道现在的学习与机器人制作的价值所在，学生会继续参与机器人的探究活动，就起到了维持情境兴趣的作用，此时，学生从被刺激物吸引的短暂状态向着更具稳定性认知倾向的状态发展。通过充分挖掘刺激物或情境兴趣中所包含的价值，帮助学生发现情境的意义和价值，让情境与学生的学习和生活建立起自身的关联，引发学生的探究欲望和求知欲望，是促使学生把情境兴趣转化为个人兴趣的极好方法，有利于提高学生对由情境引发的事物的参与度。这时引起第一阶段兴趣的刺激条件仍会继续帮助个体建立起自身和活动之间的联系。另外对任务价值的理解，在情境兴趣向个体兴趣的转化，以及个体兴趣的深化过程中都起着重要且关键的作用。在情境兴趣的驱使下，个体对某特定领域的事物产生积极的情感体验，个体探究某一特定领域的欲望也开始增加，个体通过反复参与特定领域的活动，不断积累该领域的知识经验，增加对该领域的兴趣，逐渐完成对特定领域知识积累和情感体验的增加，以及对任务价值的深入理解，个体兴趣开始萌芽，并不断茁壮成长。有了个体兴趣的主体会反复寻求参与某一特定领域活动，这时无论有没有外界刺激，个体都能继续参与特定领域的活动，并不断积累相关知识，使知识技能与态度、情感、价值观得到完美统一，该主体的情境兴趣也不断升华为个体兴趣，为主体一生的发展奠定了良好的基础。

个体兴趣的产生是情境兴趣不断作用的结果，是量变到质变的积累，此时个体对某一特定领域的心理偏向状态越来越稳定。积极情感体验更强烈，对意义的认识也更加深刻。如果情境兴趣得到长时间保持的话会自动向个体兴趣演化。个体兴趣的成熟是指随着学习兴趣的发展，学生形成了关于特定领域、主题知识的认知倾向。在兴趣的驱动下，学生会储备相关领域的知识，并不断产生新的问题，开始出现对特定领域高度认同的情感态度，意味着学习兴趣发展到个体兴趣的成熟阶段。成熟阶段个体兴趣的重要特征是认知和情感的高度深化，兴趣的认识成分和情感成分都得到充分彰显。在这个阶段中，学生会不断产生各种想要探究的新问题，并且积极寻找相关资源解决自己的问题，“兴趣是最好的老师”的功效得到充分体现。当已有资源不能满足主体需要的时候，创造思维迅速彰显，主体会出现极强的探究和创造的欲望。这时的学生已不再局限于现有的理论和知识，开始创造新的理论和知识，这种成熟的个体兴趣也是推动人类文明在各个领域发展的关键。历史上很多著名科学家也是靠这种兴趣，在已有资源积累的基础上开始对一个全新的问题进行探究，并最终获得成果。成熟的个体兴趣所能发挥的作用是十分巨大的，在人类教育发展史中，由兴趣引发的科学技术进步的例子比比皆是，因此在课堂教学中，老师们应该充分重视兴趣的作用，这是古今中外教育家十分重视兴趣的奥妙所在。

八、如何培养学习兴趣

（一）创设与学生生活相联系的“情境”

在创设与学生生活相联系的情境中，老师要了解学生的内在需求，要能够激发学生的好奇心，让学生对情境背后蕴含的道理或内容引起关注，进而产生直接兴趣、短暂兴趣，形成情境兴趣，最终在老师的引导下，把情境兴趣变为个体兴趣。有科学家认为，好奇心是人类的天性，人类的许多思索性倾向和科学倾向都植根于好奇心之中，好奇心与恐惧一样是人的基本本能。如果人的好奇是本能，为什么好奇还需要唤起呢？因为好奇心和害怕都是紧张的表现。个体接近或者逃避刺激物，其目的都是为了降低紧张水平，个人做出哪种行为取决于个人的气质和经验。总体上，对强刺激选择逃避的可能性大；对弱刺激选择接近的可能性大。因此老师在创设情境时，不但要了解学生的内心需求，还要了解学生的接受程度，选择适合学生的情境，激发学生的好奇，诱发学生的兴趣。一般来说对学生新奇的、与自己一致信息产生差距的，与学生的预判结果不一致的事物，容易让学生产生好奇。可以说好奇心是人们试图搞清世界的倾向性反应，当一个人在某一特定领域中的信息参照点高于他当前的知识水平时，就会引起好奇心，有时也是由与预期的不一致而引起的。好奇是激发兴趣的第一步，伴随好奇产生的兴趣是直接兴趣、短暂兴趣和情境兴趣，教师需要把直接兴趣、短暂兴趣和情境兴趣变为间接兴趣、稳定兴趣和个体兴趣。这就要求在情境和兴趣中找到与学生生活的结合点，把学科知识与情境密切连接起来，激发学生的求知欲望，使学生逐渐形成稳固的个体兴趣。

（二）在教学活动中凸显情境引用的教学材料的价值

在教学活动中，凸显情境引用教学材料的价值，并以适当的方式激发学生学习过程中的积极情感体验，比如，成就感、联系感、熟悉感、创造感等，促进学生的情境兴趣向个体兴趣的转换。要反复激起学生“有趣性”的体验，事实上成就感之类的积极情感体验在课堂教学中并不轻易能获得，在课堂上促进学生成功感的积极情感体验的获得，往往通过团队学习，让团队的成功成为团队中每个人的成功，这是实现成功感获得的最佳途径。在影响情境兴趣的因素上，具有较高诱惑性如传奇、冒险等情节的内容，能更好地引起学生的关注，教师在课堂上要很好把握新奇的因素，充分考虑所用素材正反两方面的影响，不能只追求新奇，忽视了对学生正确价值观的引导。除此之外更具鲜明性如形象、未知、幽默等的情境，也能很好地引起学生的关注和记忆，因此教师在选取材料时，应该注重材料的形象性，提高学生对情境触发好奇，以好奇诱导兴趣的课堂转换效果。适当的问题情境，或恰当的学习方式如团队学习，以及拥有一定难度的问题都能够激发学生的情境兴趣。一般说来刺激材料的新异性、复杂性和生动性能够增加注意和唤醒。在影响情境兴趣的文本因素中，已证明文本的生动性、未知性、新奇性、鲜明性、生动性、连贯性等都会对情境兴趣的激发产生影响，生动的文本更容易引起学生对情境的关注，更容易带来学习的欲望和深刻记忆的效果。学生的自主选择性对情境兴趣的产生也有影响，如果学习内容是自主选择的，那么学生更容易对其感兴趣。这些关键点都是老师在创设情境中应该考虑的问题，只有处理好这些问题，老师创设的情境，才能起到促进教学的作用。

（三）帮助学生形成正向反馈

促使学生由情境兴趣向个体兴趣发展的关键是帮助学生形成正向反馈，在这个过程中教师的外部支持非常重要，主要包括情感、知识、方法等的正向支持，帮助学生产生联系，培养情感，克服困难，形成稳定的兴趣。如果这个时候缺乏外部支持，学生靠自己的能力不能形成正向反馈，其兴趣便会发生退化，随之挫败体验就会增加，如果老师的支持到位，困难得到克服，水平得到提高，积极情感得到增加，学习兴趣便发生深化，深化了的学习兴趣，又促使学生在该领域继续探索，学生水平再次得到提高后产生的积极情绪体验，又促使学生再度投入，如此循环兴趣水平会越来越高。在个体兴趣产生的过程中，学生的追求由外在转向内在；从对情境诱发的直接兴趣，发展到对结果追求的间接兴趣；从短暂的依赖外部的兴趣，发展到内在稳定的转向自我的兴趣；从情境兴趣，发展到个体兴趣，不断稳固加强，促使学生更深地认识到学科价值，以及深入探究的价值和意义，帮助学生促进自我评价体系的内化。在学生个体兴趣正向反馈背景下，学生的学习更加积极主动，知识、价值、情感的积累越来越多，便将萌发的个体兴趣巩固下来，使其向着兴趣发展的高级阶段奋进。

总之，让学生的学习"嗨"起来，不激发学生的学习兴趣是不行的。而激发学生的学习兴趣，必须了解学生的心理需求，了解学生对情境的适配程度，不能让情境刺激超过学生的限度，不能使情境刺激过于平淡。教师在创设情境时要考虑多方面的因素，既要生动形象，又要新奇有趣。当学生产生情境兴趣时，教师要把情境兴趣转化为学生的个体兴趣，从保持情境兴趣入手，把情境因素与学生的学习因素融为一体，使情境与学生的学习紧密联系起来，把情境兴趣发展成为个体兴趣，不断向学习领域的深度和广度进军。兴趣源于好奇，好奇刺激大脑，科学家研究发现好奇心可以激发大脑额叶和顶叶等与注意有关的脑网络，并且与好奇心密切相关的脑中多巴胺系统，也会促使个体对与过去或未来奖赏相关的刺激产生即时的注意力偏向。因此教师在教学中一定要坚信：学习是个体通过增强注意力维持好奇心触发之后的探索行为。研究表明，婴儿受环境刺激产生好奇心，引导自己注意世界中的某些中等复杂度的特征信息，以便能够更有效地探索世界，发展自身认知能力。而眼动研究结果表明，被试会在冷知识问题答案出现之前，将注视点预先调整到预期的答案位置，并且好奇心越强，注视点转移至预期答案位置的速度就越快。这说明好奇心能够决定注意分配和任务优先级，成为一种主动的学习和探索机制①。明白这些道理之后，教师的教学应该更加积极、理性、从容、高效，在正确理论的指导下，学生的学习一定会“嗨”起来。

第三节　自主是学习的动力和方法

《中国学生发展核心素养（2016）》指出：“自主性是人作为主体的根本属性。自主发展，重在强调能有效管理自己的学习和生活，认识和发现自我价值，发掘自身潜力，有效应对复杂多变的环境，成就出彩人生，发展成为有明确人生方向、有生活品质的人。”② 自主是自我决定理论的核心概念之一，属于个体基本心理需要中最基本、最核心的需要。百度百科对“自主”的解释是：“自主指自己主动，不受别人支配。”心理学讲的自主就是遇事有主见，能对自己的行为负责。自主性是行为主体按自己意愿行事的动机、能力或特性，是人的品格特性，是人的素质的基本内核（图 2–4）。

一、自我决定理论

20 世纪 80 年代，美国心理学家理查德 · M. 莱恩和爱德华 · L. 德西等人提出了自我决定理论，一种研究人类动机与人格发展的元理论，强调人类不断发展的内部心理资源对人格发展与行为自我调节的重要性。自我

① 黄骐，陈春萍，罗跃嘉，等 . 好奇心的机制及作用［J］. 心理科学进展，2021，29（4）：723–736.

② 核心素养研究课题组 . 中国学生发展核心素养［J］. 中国教育学刊，2016（10）：1–3.

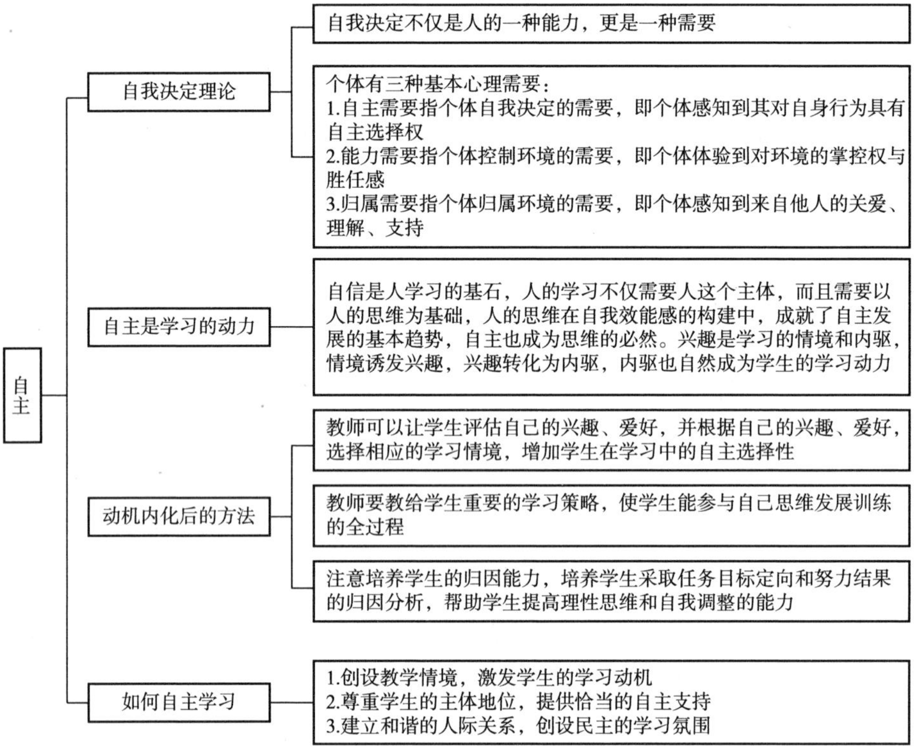

图 2-4　自主是学习的动力和方法

决定理论认为，自我决定不仅是人的一种能力，更是一种需要，因此该理论的研究重点是对人的内在成长趋势和内部心理需求的探究①。然而人的这种内在成长趋势不会自动起作用，需要从社会环境中汲取营养与支持才能有效地发挥功效。自我决定理论探讨了人的基本需要，以及心理需要与动机、幸福感等的关系。该理论认为，每个个体身上都存在一种发展的需要，这种需要不是后天习得的，而是先天的，本质上是心理性的，即人类的基本心理需要。

个体有三种基本心理需要：一是自主需要，指个体自我决定的需要，即个体感知到其对自身行为具有自主选择权。兴趣与自我价值感能促进自

① 陈琦，刘儒德．当代教育心理学［M］．北京：北京师范大学出版社，2007.

我需要的满足，而任何外在形式的控制，如奖励或惩罚等都会降低自主需要的水平。二是能力需要，指个体控制环境的需要，即个体体验到对环境的掌控权与胜任感。提供适宜的挑战、积极的反馈与发展的机会才能满足个体的能力需要。三是归属需要，指个体归属环境的需要，即个体感知到来自他人的关爱、理解、支持。这三种基本心理需要是先天固有且普遍存在的，对于促进个体顺利成长与发展至关重要。个体的三个心理需要，表现了人的一些基本特性，自主是人的天性，对环境的控制是人的对外张力，而归属的需要又表现了人的内心依附，看似矛盾的特性，显现了人与社会的关系，既为自主找到了强大的源泉，又为自主罩上了不可膨胀的外衣。尊崇天性，发展自我，归顺群体，是人出壮强大而又不易摧折的发展之路①。

人的自主性反映在人生活的各方面，在学生的学习过程中，自主学习一直是教育工作者关注的一个重要问题。随着学习科学的发展，传统的教育思想受到质疑，自主学习成为教育界普遍推崇和提倡的教育原则和方法。学习科学认为，学生是学习的主体，学习是学生的学习，学生是学习的主人，在课堂教学上要发展学生所有制。自主学习是课堂教学的基本方式，而隐藏在这个基本方式背后的是学生自主发展、探究学习的动力，和他们不断进步、完善自己、扩大影响的心理需求，以及归附团队、汲取力量的内心期盼。自主学习是相对于被动学习、机械学习和他主学习而言的，在传统的以教育学为支点的课堂中，学生处于被动的学习地位，只能听命于教师，认真听、仔细记、机械背是学生课堂学习的标准配置，学生需要什么，只是老师的假设。学生不能自主地了解自己的知识储备如何、能力缺陷在哪等，学生也不知道自己的学习能力，甚至不知道自己的学习动机是什么。在这样的学习状态中，何谈积极主动地调整自己的学习目

① 赵宏玉，王红霞．自我决定理论研究述评［J］．开封文化艺术职业学院学报，2021，41（1）：5-7.

标、学习策略和学习进度？传统的教育方式，极大地伤害了学生自主的心理需求，自主学习成为学生的奢望，即使是高分学生的知识、技能，也成为无源之水，高分低能的现象频频发生。只有大力倡导自主学习，才能真正解决“高分低能”的教育顽疾，才能培养出德才兼备、知识功底扎实、实际能力高强的优秀人才。可见，自主是学习的动力，也是学习的一种基本方法。

二、自主是学习的动力

自主是学习的动力，不仅是我们从人的先天需求中找到的理论依据，也是我们在人的自信基石上采集的一朵精神之花，更是我们在兴趣的推演中得到的必然结果。自信是人学习的基石，人的学习不仅需要人这个主体，而且需要以人的主体思维为基础，人的思维在自我效能感的构建中，成就了自主发展的基本趋势，自主也成为思维的必然。兴趣是学习的情境和内驱，情境诱发兴趣，兴趣转化为内驱，内驱也自然成为学生的学习动力。在学生心理各种因素转化过程中，教师的作用十分重要，教师的支持能够满足学生的心理需要，对学生的学习产生积极正向的影响，相反则会影响学生的学习，甚至磨损学生学习的意愿。实践研究表明，支持自主学习的教师与在课堂上控制学生的教师相比，更能促进学生产生强烈的学习动力、内在动机、好奇心和迎接挑战的欲望。接受控制性教育方式的学生不仅容易丧失学习的主动性，而且当进行一般性学习，比如，概括一些事情或具有一些创造性的学习时，学习效果比预期的差得多①。可见自主学习对学生的学习效果影响极大，而教师对学生自主学习的支持，对学生学习动力的影响也极大。

教师通过在学习上给予支持为学生营造具有自主选择、自主判断、自

① 白红敏．自我决定理论对教育的启示［J］．中国科教创新导刊，2009（15）：179-180.

主调控和情感理解等特点的自主性学习环境，不仅可以增强学生对班级的归属感，更能够让学生在这种自主环境中培养自主性、自律性、协同性、创造性，从而发掘自身更多的潜能，增长更强的能力；反之，对因缺乏教师的支持，而处在受威胁和被监督境地的学生，常处于被评价、被控制的紧张性环境中，缺乏安全感、放松感、归属感，缺乏自信心、好奇心，如此自主性从何而来？自我发展又从何谈起呢？人类动机的源泉是有机体内在的需求，而不是外部的提供和给予，内因是根本，外因是条件，没有内在的需求动力，外部的说教再多也不会对学生的发展起促进作用。从本质上说，学习是人自主的活动。事实上人类一直在争取自己的能力感、自我决定感以及与他人的归属感，并且在满足自主、胜任和归属心理需要的同时，加强人行为的内在动机，从而促使人不断发展、不断进步。

人的归属心理需要的满足，对内在动机提高有显著的作用。实验表明，在婴儿期，当孩子对母亲形成安全型依恋时，会表现出更多的由内在动机支配的探索行为。师生关系也是如此，教师与学生之间关注和理解的情感表达、心理相融的表现程度，决定了学生感受到能力需要、自我决定需要，特别是归属感需要的满足程度。学生受到教师策略上的指导，学生在学业成就中努力实现教师的期望，这种良好的归属感使他们有可能付出更大的努力、拿出更大的毅力，投入到学习活动中。学习活动的动机内化对学生学习的影响很重要，自我决定动机对注意力集中水平和行为持久性具有积极的预测作用①。自我决定理论认为，内在动机具有很高的稳定性，对行为具有积极的预测作用，因为动机内化水平越高，代表个体将某种外在价值观与自我的整合程度越高，即个体更可能将外在的价值观吸收并转化为自己所赞同的价值观，并将其与自我价值相结合，从而使其成为自我的一部分。相反，动机内化水平低，说明这种外在价值观是与个体自我相

① 陈琦，刘儒德．当代教育心理学［M］．北京：北京师范大学出版社，2007.

分离的，随时都会因为奖励、诱惑等外在因素的改变而改变，因此当个体的行为动机由外在因素控制时，一旦外在因素撤离，行为动机也将随之减退或消失，行为也将随之停止，所以外在动机对行为的预测作用具有不稳定性或消极性。因此，教师应该采取一些积极有效的策略，促进学生动机内化水平的提高，从而提升学生的自我决定能力①。

三、动机内化后的方法

自主是学生学习的动力，也是学生学习的方法。有了动力自然就会有方法，方法是多样的，不拘一格，可以自主探究，查资料、找线索，也可以集体讨论，共同攻克难关。只要有了学习的内在动力，在学习上没有克服不了的困难。俗话说“没有翻越不了的高山，没有跨越不了的河流”，人的主观能动性发挥出来，自主学习的方法会层出不穷。比如，自主决定学什么内容，自主决定怎么学，自主决定学习的进度，自主把握学习中的重点、难点，当然还会自主选择学习的方式。可以在教室里讨论，也可以外出访谈，可以到图书馆，更可以去博物馆。在学习中方法固然很重要，但是比方法更重要的是学习的自我决定和动机内化水平，这是学习的动力，是保持学习投入水平、专注力的关键。教师如何才能做到让学生在学习中自主呢？

首先教师可以让学生评估自己的兴趣、爱好，并根据自己的兴趣、爱好，选择相应的学习情境，增加学生在学习中的自主选择性。然后让学生参与教学计划和学习目标和制定。在目标设定过程中，学生成为积极的合作伙伴，教师和学生努力确保目标与学生的兴趣、爱好和能力紧密相连。在制定学习目标的过程中，教师切记“学习目标”不是“教学目标”的翻版，学习目标是教师在对学生深度了解的基础上，把教学目标融入与学

① 白红敏．自我决定理论对教育的启示［J］．中国科教创新导刊，2009（15）：179-180.

生生活密切相连的，与学生前拥知识紧密融合的，符合学生兴趣爱好和基本能力的活动中，让学生在自我探究、自我发现和自我提升中，完成教学目标的要求。从教学目标变成学习目标，要融入教师对学生的深度理解。在此基础上教师要教会学生自我反思、自我指导、自我调整、自主生成学习目标。教师要教给学生一些重要的学习策略，以使学生能够参与自己思维发展训练的全过程。学生在学习过程中，会面临一些问题，在解决这些问题的过程中，可以让学生参与问题的解决，特别是决策的制定。决策过程包括识别选择，从各种选择中辨析后果，评估与后果相关的风险，审查每种选择与个人偏好、兴趣和需要保持一致的程度，并且做出最优化选择。所有的学生都有偏好，所有的学生都能参与决策选择，所有的学生都要排除个人偏好给结果带来的不利影响，这一过程正是学生发展和进步的过程。采用学生指导学习策略，即自我调节学习或自我管理策略，是引导学生规范和调控自己行为的过程，这个过程的直接结果是发展了学生的“元认知”，一般认为学生元认知的发展是学生学习能力的真正发展。这样的策略能使学生在没有外部控制的情况下调节自己的行为，允许学生在自己的学习中成为积极的参与者。最后还要注意培养学生的归因能力，培养学生采取任务目标定向和努力结果的归因分析，帮助学生提高理性思维和自我调整的能力。当学生关心的是自己知识的掌握和能力的提高时，学生的动机内化和自我决定能力就有了极大提升。这是教师培养学生自主学习能力，完成立德树人教学任务的关键所在。

四、如何自主学习

自我决定理论中关于学习动机内化的原理，为我们解决“以学定教”的实践困境提供了重要启示，自主是学生学习中的根本动力，让学生在学习中“嗨”起来，没有学生的“自主”就是天方夜谭。学生的自主体现在一节又一节的课堂教学中，怎样让我们的课堂有生气，让学生成为自主学习的谋士和勇者，教师要综合做好以下几方面的工作。

（一）创设教学情境　激发学生的学习动机

教学情境是学生从事学习活动的环境或背景支持，优质的教学情境中蕴藏着丰富的“诱导”因素，能够吸引学生的注意力，调动学生的情感，诱发学生的学习行为。学生学习动机的激发很大程度取决于教学情境的创设，学生只有在特定的情境中，才能实现被动接受到主动思考的角色转变。思维的转换是外在动机向内在动机转化的必要过程，为了促使这个过程的发生，教师要寓情感于教学情境之中。情感是认知活动的动力源泉，发挥情感的感染功能，教师的情感到位，才能引发和促进学生的认知活动，让学生乐于并勇于探索。教师在创设教学情境过程中，要始终关注学生的情感因素，尤其是在情境导入过程中，教师要始终保持积极饱满的情绪，注重教师情感的感染力，利用情感让学习者进入积极的状态，并利用“情绪的传染”形成积极的学习氛围，激发学生学习的渴望，诱发学生的学习行为，从而使被动变为主动。同时教师要在教学情境中埋入有助于引发“认知冲突”的线索，激发学生的兴趣，促进学生的思考。“认知冲突”能够唤起学生的注意，引发学生的思考，是学生主动探究的源泉之一。教师必须要善于设疑，选取具有争议或看似平常却另有玄机的、较难理解的问题创设问题情境，挖掘学生原有的认知经验，调动学生积极思维，引发学生的认知冲突。教师还要积极组织学生进行讨论、辩论，让学生之间的认识和观点不断地冲突碰撞，使他们原有的知识经验被充分挖掘出来，思维被深度调动起来，达到一种主动探索的状态，实现动机的内化①。

（二）尊重学生的主体地位　提供恰当的自主支持

新课程改革倡导“以学生为本”的理念，从根本上说，就是要尊重学生的主体地位，发挥学生的主体性。一方面，教师要有学生意识，了解学

① 安国琴，陈昊．基于自我决定理论提升“以学定教”［J］．课程教学研究，2013（4）：19-21.

生，从学生出发才能调动学生的积极性和主动性，改变学生消极、盲目、被动接受的地位，使学生成为学习的主人；另一方面，教师要提供恰当的自主支持，给学生适当的策略帮助，积极引导学生不断发现问题、解决问题，同时鼓励学生在学习的过程中不断完善自我、增长能力、提高素养。教师要有学生意识，相信学生能够自我决定。教师不能越俎代庖，包办代替，学生意识即教师在教育教学工作中信奉并体验以学生为中心的心理倾向，树立学生意识不仅要以学生为教育教学的出发点和落脚点，更要尊重学生的主体地位，这是教师从教育学基点转向学习学基点的根本体现。

相信学生有自我决定的潜力，并在一定条件下将这种潜力转化为现实，是学生意识的核心所在。自我决定是在充分认识自己的基础上，自由选择和确定自己的学习，自我决定的行为更具有持久性，教师应该牢记这一点，并在教学中积极实践、大力实行。教师应该鼓励学生畅所欲言，尊重学生多样化的观点，使他们在教学活动中拥有自己的“话语权”，真正体验到他们在学习中的一种自主感。教师要提供自主支持，促成自我决定的实现。自主支持是指教师从学生的角度出发，为学生提供多种选择机会，较少控制学生的行为，鼓励学生自主解决问题和自我决定。教师要根据学生的学情，对学生的学习过程进行精心点拨，而不是“满堂灌”；对学生遇到的学习困难要积极引导，使学生充分运用自己的智慧化难为易、化繁为简，而不是放任与指责；对学生的学习结果要及时反馈，多采用鼓励性与欣赏性的评价，培养学生的自信。教师对学生提供自主支持的行为，能够使学生感受到来自教师的自主支持，不但能够增加学生的自主感，满足学生的自主性需要，而且能够促进学生学习动机的内化，从内部真正启动学生自主的“学”①。

（三）建立和谐的人际关系　创设民主的学习氛围

教学是一种师生之间、生生之间平等交往的活动，教学活动反映了一

① 安国琴，陈昊．基于自我决定理论提升“以学定教”［J］．课程教学研究，2013（4）：19-21.

种特殊的人际关系，教师与学生亦师亦友，学生与学生亦友亦师。在教学活动中，和谐的人际关系能让学生在轻松民主的氛围中互相学习、共同进步，增强学生的归属感，促进学生学习动机的内化。教师在学生学习过程中，要建立平等对话的师生关系，在师生交往活动中，一方面，教师应该以平等的身份与学生保持良好的沟通、交流与互动，理解、欣赏并尊重学生的观点和看法，善于发现每个学生的优点，挖掘学生的闪光点，关注学生在学习活动中的点滴进步；另一方面，教师要融入学生群体，与学生一起活动，共同参与讨论研究，并不失时机地对学生进行引导、指导和辅导，让学生主体地位得以充分发挥，使每位学生能充满信心，积极主动地参与学习的全过程。学生在理解与关怀中，会感受到教师的认可与支持，产生强烈的归属感和责任意识。同时教师要让学生之间建立深度合作的关系，在生生交往关系方面，教师应该引导学生建立相互帮助、团结友爱、相互理解与支持的关系，及时化解由于学生性格不同、表达方式不同产生的学生之间的矛盾，消除学生之间的隔阂与歧视。通过建立合作小组、学习团队为学生提供更多合作学习的机会，营造更好的合作学习环境，引导学生在团队学习中尽情展示自我，相互支持，相互促进，为共同的目标而努力奋斗，从而建立深度的、良好的、合作的同学互助关系①。

让学生学习“嗨”起来，自主学习是一个根本动因，也是学生学习的极好方式。当老师深度理解了自主学习的原理，知道如何引导学生开展自主学习的方法，那么学生学习的“嗨”就不是一个“呓语”，而是课堂频繁发生的现实了。自主既是学生学习的动力，又是学生学习的方法，是学生学习“嗨”的源泉，更是学生从形式“嗨”向实质“嗨”过渡的桥梁。

① 安国琴，陈昊．基于自我决定理论提升“以学定教”［J］．课程教学研究，2013（4）：19-21.

第四节　专注是学习的投入和深化

美国心理学家丹尼尔·戈尔曼在《专注》一书中说：“一个专注的人，往往能够把自己的时间、精力和智慧凝聚到所要干的事情上，从而最大限度地发挥积极性、主动性和创造性，努力实现自己的目标。”① 专注对人的成功来说关系极大，在学习上专注是在自主的基础上形成的一种精神投入和思维深化（参见图 2-5）。

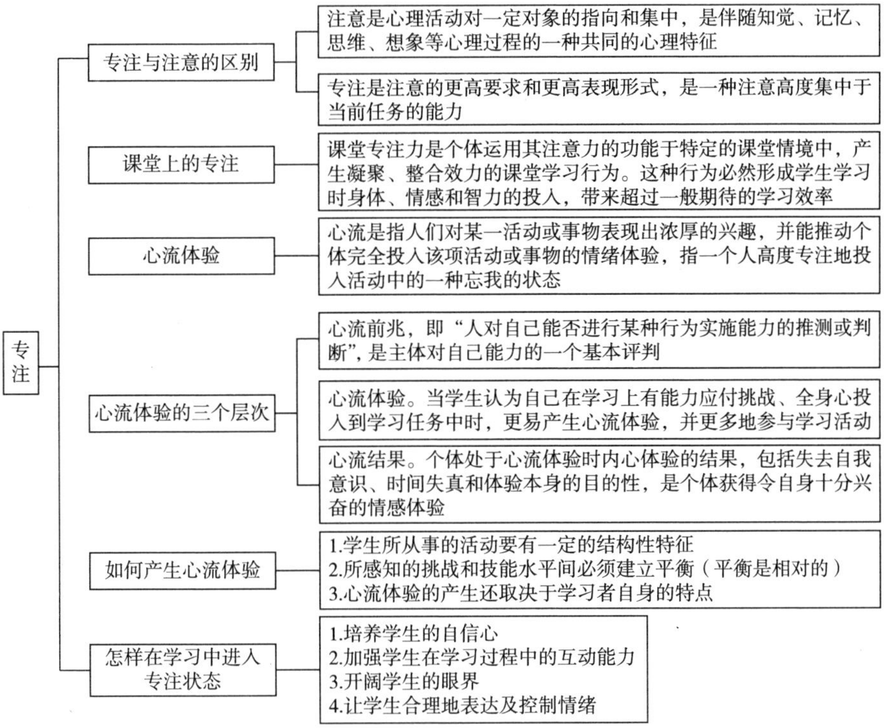

图 2-5　专注是学习的投入与深化

① ［美］丹尼尔·戈尔曼．专注［M］．杨春晓，译．北京：中信出版社，2015：5.

一、专注与注意的区别

对多数人而言，专注不是陌生的词汇，专心致志、全神贯注、目不转睛、聚精会神等成语都表述了专注的意思。虽然在日常生活中，专注是被人们广泛使用的一个高频词汇，但在很多情况下，专注是与注意混淆运用的。

注意是心理活动对一定对象的指向和集中，是伴随感知觉、记忆、思维、想象等心理过程的一种共同的心理特征。注意有两个基本特征，一是指向性，是指心理活动有选择地反映一些现象而离开其余对象；二是集中性，是指心理活动停留在被选择对象上的强度或紧张。指向性表现为对出现在同一时间的许多刺激有主动的选择，集中性表现为对关注以外的干扰刺激的抑制。注意的产生及其范围，以及持续时间等取决于外部刺激的特点和人的主观因素①。

专注是注意的更高要求和更高表现形式，是一种注意高度集中于当前任务的能力。从心理学角度看，专注所代表的是个体心理上的集中和聚焦，特指注意在固定的时间之内对活动或是任务的集中投入②。专注具有认知活动的动力功能，认知活动包括：听觉、视觉、记忆、思维、想象、执行、反馈等，认知活动得以顺利开展的推动力是专注，也就是说专注决定了认知的投入。也有学者认为，专注是注意集中于某一事物或活动时的心理状态，认为注意力、记忆、联想都是专注力的基本表现形式。但是当我们用放大镜在烈日下对准一张白纸，白纸几秒钟后就会被点燃的事例来理解“聚焦现象”时，会对专注有更深的认知，专注聚焦的强度和聚焦的作用点更高、更细。简言之注意的范围比专注要广，专注是使注意达到一

① 彭聃龄．普通心理学（第4版）［M］．北京：北京师范大学出版社，2012.

② 盛垚．大课间体育活动对高中生课堂专注力的影响研究［D］．华东师范大学，2019.

种更高程度的表现。当然，专注力好的人，注意力也一定好，但是注意力好的人，专注力不一定强。专注力高的人，对所从事事务的投入会相应增大。

二、课堂的专注

当人们将专注与学生的学习结合起来的时候，专注被定义为学生所具备的一种包含凝聚、整合效力在内的心理品质。当学生的注意力聚焦于课堂教学中所发生的一切时，就产生了课堂专注力。换言之，课堂专注力就是个体运用其注意力的功能于特定的课堂情境中，产生凝聚、整合效力的课堂学习行为，这种行为必然形成学生学习时的身体、情感和智力的投入，带来超过一般期待的学习效率。因此，学生的课堂专注力高低受其注意力功能的影响，即学生在一般情境下，注意力功能与课堂专注力应有一定程度的正向关联，注意力越高，学生的关注力越强。所以，学生在一般情境下的注意力功能，可以作为课堂专注力状况的良好参照①。

专注是学生学习过程中“嗨”起来的一个重要阶段，当学生在充分的学习自信情境的诱发下，对学习产生了兴趣，又在自主选择过程中，投入到学习的具体环节时，学习就进入了一个重要的深化阶段——专注。

专注是学习的投入和深化，投入是置身其中，全身心地做一件事情。在学习过程中，投入可以理解为是学习者在时间、身体、精力、情感和方法上的投入，也指学习者在学习过程中，将自己的所有注意力全情投入某一学习环节里，即学习者把对某一事物的注意力，转化为专注力，让自己的整个身心沉浸在学习氛围之中，形成高强度的学习效果。

① 盛垚．大课间体育活动对高中生课堂专注力的影响研究［D］．华东师范大学，2019.

三、心流体验

著名教育家陶行知先生说过："真教育是心心相印的活动，唯独从心里发出来，才能打动心灵的深处。""心"是学习的主要器官，无论在中国，还是在西方，古代人们认为"心"是思维和学习的主要器官，中国的思、想、念、忆、怡等与思维有关的字，都带"心"字或"竖心旁"，随着科技的发展，我们当然理解"心"就是人的大脑、人的思维。陶行知的话是说教育要入脑入心，在被教育者心中形成强烈的印迹。这句话恰恰印证了心理学在描述投入过程中经常使用的一个名词"心流"。"心流"（flow）是一种积极的心理情绪，最早由美国心理学家米哈里·契克森米哈赖在20世纪60年代提出。米哈里·契克森米哈赖对数百名攀岩爱好者、国际象棋选手、运动员和艺术家进行了访谈，这些不同的受访者报告自己在从事他们喜爱的活动时，都获得了一种非常相似的、令他们十分兴奋的情绪体验，以致他们很愿意多次持续地体验这种状态。特别是当他们从事的活动能顺利进行时，一些受访者借用隐喻"水流"描述他们当时的情绪感受，声称这种情绪状态能毫不费力，并且源源不断地在自己的思想里出现。这种理论也被翻译为"沉浸理论"，即一个人身心完全浸入一种忘我的状态中。心流是指人们对某一活动或事物表现出浓厚的兴趣，并能推动个体完全投入该项活动或事物的一种情绪体验，是指一个人在高度专注地投入活动中的一种忘我的状态。应该说这种状态是个体从当前所从事的活动中直接获得的，而回忆、想象等思维活动是不能产生这种体验的①。

心流具有以下特征：

（1）体验活动本身成为活动的内在动机；

（2）个体的注意力高度集中于当前所从事的活动，任何其他的外在引

---

① 赵颖．基于心流理论的翻译多媒体教学效果研究［J］．上海翻译，2011（2）：66-69.

诱最多只能使个体出现暂时的分心；

（3）自我意识的暂时丧失，如忘记了自己的社会身份，忘记了自己的身体状况（饥饿、疲劳）等；

（4）行动与意识相融合；

（5）出现暂时性体验失真，较典型的如觉得时间过得比平常要快；

（6）对当前的活动具有较好的控制感，即一个人能大致认识到自己能应对即将出现的后续行为并能对它做出适当的反应；

（7）具有直接的即时反馈，活动的每个环节都是对上一活动环节的反馈；

（8）个体所感知到的活动的挑战性和自身的技能水平间具有平衡性；

（9）有明确的活动目标。

心流的九个特征可以归纳为三个阶段的因素。

第一，事前阶段的条件因素。活动有明确的目标，个体感知到活动的挑战性与自身的技能水平间具有平衡性，也即挑战与能力虽然有一定的差度，但是总体上没有超出能力的范围。同时体验活动能够成为活动的内在动机，情境诱发兴趣，兴趣转化为内驱，实现从活动的外部动机到主体内部动机的转化。

第二，体验阶段的过程因素。个体的注意力高度集中于当前所从事的活动上，任何其他的外在引诱最多也只能使个体出现暂时的分心，而不能影响主体产生对所从事活动的情绪漂移。此时活动主体的自我意识有暂时丧失的情况，比如，忘记了自己的社会身份、身体状况、饥饿、疲劳等生理状态，行动与意识高度融合，出现暂时性体验失真，如感觉时间过得比平常要快等。

第三，效果阶段的结果因素。个体对当前的活动具有较好的控制感，即一个人能大致认识到自己能应对即将出现的后续行为的能力，并能对它做出适当的反应。在整个活动过程中，活动主体具有直接的即时反馈，活动的每个环节都是对上一活动环节的反馈，促使活动主体更好地进行活动的每个环节，保持活动主体对活动的高度投入。

四、心流体验的三个层次

按照心流体验理论，个体的心流体验还具有三个层次：心流前兆、心流体验和心流结果。

心流前兆与第一节中的自我效能感有密切关系，心流具有所感知的挑战性并与自身技能水平间具有平衡性，就是自我效能感中“效能期望”，即“人对自己能否进行某种行为实施能力的推测或判断”，是主体对自己能力的基本评判。

心流体验是指当学生认为自己在学习上有能力应付挑战、全身心投入到学习任务中，更易产生心流体验，并更多地参与学习活动。一般而言高自我效能感的学习者更容易产生心流体验，他们常常会在学习中感受到美好的心流体验，使个体更乐于投入其中①。相关实证研究也支持了该观点，一项针对西班牙和阿根廷的跨国比较研究证实了自我效能感可以通过心流体验间接影响学习投入②。实践证明，当学生认为自己在学习上是有能力的，就更易产生心流体验，并更多地参与学习活动，并且在学习活动中不断加大自己在身体、情感、智力和时间、精力上的投入。

心流结果是指个体处于心流体验时内心体验的结果，包括失去自我意识、时间失真和体验本身的目的性，是个体获得令自身十分兴奋的情感体验。一般说来，心流体验可以促进学习动机的强化，学习动机又可以进一

---

① BATES R, KHASAWNEH S. Self-efficacy and college students' perceptions and use of online learning systems [J] . computers in human behavior, 2007, 23 (1): 175-191.

② MESURADO B, RICHAUD M C, MATEO N J. Engagement, flow, self-efficacy, and eustress of university students: A cross-national comparison between the Philippines and Argentina [J] . The journal of psychology, 2016, 150 (3): 281-299.

步激发心流体验①。个体动机与个体的能力信念，对成功的期望以及主观上的任务价值直接相关，而自我效能感是个体能力信念和成功期望的具体表现，自我效能感高的学习者有更高的能力信念以及获取成功的期望，也能够激发学习者更高层次的学习动机，使之更加愿意投入时间与精力到学习中。

在学生产生心流体验的过程中，学生的学习效能有明显提升。在学生专注的情况下，学生学习的思维质量明显提高，大脑运转速度明显高于常态学习状态下的大脑运转，知识在大脑中更容易形成网状的联系，便于知识的记忆和提取。思维的逻辑性更加缜密，思维的广阔性更加宏博，思维的深刻性更加沉睿，思维更加具有独领风骚的特异性，解决问题的灵活性，推陈出新的敏捷性，辨析质疑的批判性，思维的确定性、创造性和预见性能得到完美体现。在心流体验的状态下，学生似乎显得更加聪明，大脑反应显得更快，对问题的判断也更敏捷、精准，学生学习的获得感自然也丰富充实。当学生在学习中把自己的注意力集中于某一问题时，形成了学习中的专注状态，产生了心流体验，这时学生的学习在深化、学生的思维在发展、学生的认知能力也在飞速提升。学生学习的深化一方面体现在思维的深度上，即当学生在概念的义域中，能够用正确的思维方式和逻辑关系推演事物的发展，定义事物的结果，并且对事务有入木三分的剖析和精准明确的表达时，学生的思维是深入的。学生学习的深化体现在知识的获得中，以及获得知识后的举一反三、迁移应用。事实上这是对问题解决方法的把握，是在具体事物中发现一般性解决问题的规律，也是学生在学习上欲鱼得渔的飞跃过程。学习需要专注，而学习的专注是学习深化的必然结果，学习结果的深化，又是心流体验追求的最佳心流结果。

---

① 其木格，林海河．心流体验：现代课堂教学的一种心理诉求［J］．内蒙古师范大学学报（教育科学版），2010，23（12）：82-85.

五、如何产生心流体验

心流体验是学生在学习过程中一种积极的心理状态。心流体验对学生的学习产生积极正向的影响。那么怎样才能促使学生产生心流体验呢?

第一，学生所从事的活动要有一定的结构性特征。结构性特征指一个活动应该具有确定的目标、规则和相应可操作的评价标准。在友善用脑课堂教学活动中，学习科学友善用脑的138课堂教学范式是一个很好的例证。友善用脑要求教学过程中的每个教学活动都要有明确的学习目标、清晰的活动要求和切实可行的活动规则，活动规则是师生共同评价活动结果的基本标准。在结构性活动中，学生要明确自己所要达到的目标是什么，知道自己应该做什么，同时活动本身可以给活动者提供足够的直接的即时反馈，使学生了解自己已经取得了哪些进步，需要做哪些调整，知道下一步应该做什么。事实上，这一过程就是学生“元认知”发展的过程。

第二，感知的挑战和技能水平间必须建立平衡，当然，这种平衡是相对的。如果感知的挑战水平超过所感知到的自身的技能水平，学生这时会变得很焦虑；如果技能水平超过挑战水平，学生就会感到很放松，然后变得厌烦①。在友善用脑活动设计过程中，学习科学要求教师要了解学生的前拥知识，并把学生的前拥知识卷入课堂教学中，这样才能达到好的学习效果，让学生全情投入地参与教学活动。活动中不同的学习状态，提供了挑战与能力平衡关系的不同反馈结果，迫使学习者在学习过程中不断调整学习行为，避免产生令人厌恶的主观体验，使自己能够保持一种积极进取的状态，时刻保持心流体验的良好情绪。

第三，心流体验的产生还取决于学习者自身的特点。每个学生都拥有心流体验的能力，但是，他们体验到心流体验的次数，得到的心流体验报

① 任俊，施静，马甜语．Flow研究概述［J］．心理科学进展，2009，17（1）：210-217.

告的质量存在很大的个体差异。也就是说，学生本身的特点，主要是人格方面的特征，对心流体验状态的产生起着一定的影响作用。米哈里·契克森米哈赖将更易产生心流体验的人格称为“自带目的性人格”①，拥有这种人格特质的人喜欢享受生活，他们大多只是为了自身的内在目的做事，而不易受外在目标的驱使。此外，个体注意力集中方面的品质对心流体验也有很大的影响，有着不同注意力品质的个体，在心流体验的质量和数量上会有差别。一般而言自我效能感强，比如，自信心强、动机明确、注意力集中的学生，较之自我效能感差，自信心差、动机不明确、注意力不集中的学生，更容易产生心流体验。

六、怎样进入专注状态

让学生进入专注状态，产生心流体验是提高学习效率，让学生学习“嗨”起来的一个重要方面。当我们对专注进行了一定的理论分析后，特别是对心流体验进行了深度研究，把握了产生心流体验的基本方法之后，如何利用专注理论，促进学生的学习呢?

第一，培养学生的自信心，用自我效能感理论指导课堂教学活动，通过设计能够激发学生自信和提高学生兴趣的活动，用情境唤起学生的好奇，形成学生学习的内驱动力。在培养学生自信心的过程中，培养学生自主思考的能力十分重要。独立思考可以提升学生的自主意识水平，自主意识水平的提高可以有效提升专注力。让学生做自己能做到的事情，就能在生活与学习中体验到成就感，逐步建立自信。兴趣是学生学习最好的老师，在兴趣的激发下，由学生自主选择、自主探究、自主决断，用学生学习上的自主，调动学习的投入，把注意力集中在学习的事物中，并把学生

① ALAN CARR. Positive psychology：the science of happiness and human strengths［M］. Hove and New York：Brunner-routledge of taylor & francis group，2014.

的注意力，变成持久的学习专注力，就是学生投入学习产生心流体验的全过程。在学生的学习过程中，学习得到深化，能力得到提升，综合素养得到全方位提高。教师在学生的学习过程中，要积极鼓励学生，引导学生感受学习过程中探究的乐趣，增加学习获得的快乐感和获得学习成功的正向体验。

第二，加强学生在学习过程中的互动能力，让学生学会倾听、理解、互助、合作，加强学生之间的沟通互动训练。教师应该在这个过程中，给予学生更多的积极回应，对于学生存在的问题积极引导，取得的成绩热情鼓励，遇到的困难及时解决，高品质的陪伴学生，给予学生多方面的学习支持。

第三，开阔学生的眼界，让学生广泛参加各项活动，把学科教学放到更广大的生活层面中，让学生解决生活中"真"的问题，体验生活中真实情感，增长生活中解决问题的真实能力。让学生广泛接触大自然与社会生活，增加观察事物、分析问题、解决困难的机会，增长学习探究的能力和素养，让学生在真实的情境中学会学习和创新。教师在学生学习的过程中，给予充分的关注和由衷的赞美，让学生在音乐、艺术、体育竞技和科技探究发明等各项活动中，培养专注力，让学生在多种多样的学习认知活动中，增强短时与长时记忆，提高思维加工速度，进而加强学生的综合能力和素养。

第四，让学生合理地表达及控制情绪，学会化解不良情绪。人不可能没有负面情绪的干扰，正确处理负面情绪是提高认知效率的重要方面，只有在积极乐观的情绪中，人们才能更加专注地做一件事情。教师需要合理地控制自己的情绪，不让自己的情绪干扰学生，同时也要引导学生正确处理自己的情绪，适当合理地把控自己的情绪，学会包容、接纳和化解其他同学的不良情绪，让自己的情绪和同学的情绪保持在良性状态，以使学生的学习更加专注，学生的思维得到更快的发展，让学生的生活更加丰富多彩。

专注是学生学习过程中重要的、值得认真研究和讨论的问题，专注直接关系到学习的投入和深化，是让学生学习“嗨”起来的重要因素，也是教师在对学生进行学习指导和引导过程中的一个难点问题。心流前兆帮助教师找到打开学生学习专注的钥匙，增强学生的自我效能感是帮助学生进入学习专注状态的最佳手段。心流体验很好地解释了学生学习过程中的专注与投入的问题，使学生的学习得到了深化，学习效率得到了提升，学习效果取得了明显成效。心流结果是学习达到的最佳功效，让学习者获得了学习的最大利益。总之，专注既是学生学习“嗨”的具体表现，又是学生学习“嗨”的内在实质，让学生达到学习专注的状态，使学生的学习获得了成功的保障。

附：教师实现自身心流体验的10种方法

1. 多看书、多思考、多写作，少看电视、少刷手机。

2. 多进行瑜伽、正念、冥想、太极等活动，专注于自己的身体和当下的感觉。关注自己的感受，关注自己当下内在的每个念头，了解自己，了解自己所处的关系和位置。任何的起心动念都要觉察，好的强化练习，不好的戒除舍弃。

3. 做任何事情都要明确目标，在目标引导下努力让自己进入心无旁骛的做事状态。

4. 一次只做一件事情，在事情中磨炼自己，通过做事让心智提升，做到专注专一，凝神一处。

5. 充分利用闲暇时间，让自己的闲暇时间变得有方向、有意义。比如，运动、爬山、旅游、精心陪伴等。

6. 把喜爱转为热爱，喜爱是低维，热爱是高维。热爱让你全身心地投入一件事，做到极致，追求完美。

7. 内在精神独处。学会独处，品味独处带来的乐趣和生命充盈。

8. 外在交际互动。如果想做更好的自己，还要注意自己的外在改变。外在要建立起好的人际互动关系，关系好，幸福多。

9. 多做创造性活动，比如，设计具有创新性的教学活动等。

10. 终身学习。学习是为了了解周围正在发生的事情，并让我们对自身的经历产生具有个人意义的认识。

第五节 交流是学习的共享和推进

学生具备了学习自信心，就踏上了学习之旅，在情境的帮助下找到了兴趣伙伴，开始了自主学习，在专注中经历了心流体验，便会沉浸在深度学习之中。此时他们的学习一直在“嗨”的路上，他们渴望通过沟通交流，来到学习共同体中，发展他们在学习上的元认知，以使他们的学习达到最“嗨”点。在讨论如何让学生的学习“嗨”起来的时候，交流作为学习“共同体”和“元认知”的重要因素我们不能放过（图 2-6）。

一、沟通与交流

百度百科对交流的解释是“交流是信息互换的过程。彼此间把自己有的提供给对方。通过沟通交流，信息形成流动传播的过程。交流的意义非常广泛，有意识的，也有物质的。交流如空气一般，供人呼吸、生存”。我们深度解读一下这段对“交流”的解释，可以提取几个信息，第一，交流对人类来说非常重要，犹如空气一般。人离开了空气不能呼吸，不能生存，在信息社会里人离开交流，同样不能生存。第二，从交流的内容看，有物质的，也有精神的，交流是在沟通的过程中，把自己所有的提供给对方，形成物质或信息的流动和传播。第三，交流是一个互动的过程，在这

- 交流
  - 沟通与交流
    - 交流是信息互换的过程。彼此间把自己有的提供给对方。通过沟通交流，信息形成流动传播的过程。交流的内容非常广泛，有意识的，也有物质的。交流如空气一般，供人呼吸、生存
    - 沟通是人与人之间、人与群体之间思想与感情的传递和反馈的过程，以求思想达成一致和感情的通畅
  - 学习共同体
    - 学校班级学习共同体是由学习者（学生）和助学者（教师）共同组成的、以完成共同的学习任务为载体的、以促进成员全面成长为目的、强调在学习过程中以相互作用式的学习观为指导，通过人际沟通、交流和分享各种学习资源而相互影响、相互促进的基层学习组织
    - 1.学习共同体是一个学习的社区、平台和场域
      2.学习共同体由学生、教师、教育管理人员、家长以及学习场所的物品、设备等构成，是一个以学生为主体的现代社会学习群体和场域的融合体
      3.学习共同体是以完成共同学习任务为目的、与社会和时代密切相融、实时互动，具有主体性质的学习组织
  - 学习共同体的性质
    - 1.行为具有主体性
      2.系统具有开放性
      3.成员具有组织性
      4.目标具有整体性
      5.活动整合一致性
  - 学习共同体产生巨大功效的原因
    - 学习共同体满足了学习者自主、能力和归属三大心理需求
  - 学习共同体与线上学习
    - 在学习共同体的讨论中，利用网络实现教学也是一个重要的方面，教师可以考虑把互联网作为课堂交流的一个重要补充，让网络学习成为学生课堂上学生“嗨”起来的动力和资源
  - 交流的组织支撑
    - 学生的交流是以团队学习为支撑的，团队学习的理论依据是“学习共同体”，在友善用脑团队学习的课堂上，教师不再是教学的发起者和控制者，更大程度上是作为学习者的伙伴而参与到沟通活动中
    - 基于学习共同体的沟通交流，可以促进学生知识的获得和应用，可以促进学生学习和反思活动的高度发展，形成学生学习上的“元认知”，提高他们的学习动力以及在学习过程中对自主学习活动的自我管理能力
  - 团体动力学
    - 团体动力学认为，个体行为是由个性特征和“场”，也就是“环境”相互影响作用的结果。团体动力学就是应用“场”理论，研究团体、团体活动过程、团体行为的动力或动态的理论
  - 怎样构建学习共同体
    - 1.增强学习者的“共同体意识”
      2.要根据学习任务及学习者的特点选择一定的组织方式
      3.围绕所确定的教学内容及目标展开与学习者的交互活动，同时鼓励学习者之间开展对学习的内容进行的交流和协作，并对学习过程进行监控调节
  - 再谈“元认知”
    - 元认知是在学习者明确学习目标的情况下，计划和实施学习任务、检查和反思学习过程、控制和调整学习状况的能力，元认知能够确保学习目标的实现
    - 元认知的三个组成部分
      - 元认知知识
      - 元认知体验
      - 认知调节
      - 三个方面既相对独立，又密不可分。认知调节既受到元认知体验的激发和指引，同时又以元认知知识为基础；认知调节的每一步都会使个体产生新的元认知体验，同时也会丰富、发展个体的元认知知识。元认知知识和元认知体验之间也是相互影响的，这三个方面相互作用、循环往复，三者动态有机的结合即构成了元认知
    - 元认知对于提高学生的学业水平、促进学生的思维发展具有巨大的意义和作用
    - 如何发展学生元认知
      - 1.教师要以学习任务为导向，帮助学生积累元认知知识
        2.学生要依靠团队和学习小组，感受元认知体验
        3.及时反思评价，提高元认知监控能力
        4.分析实际问题，拓展认知层面

图 2-6　交流是学习的共享和推进

个过程中，交流的双方都会获得精神或物质的满足。我们在学习中讨论的交流，大多是指精神层面的交流。交流的近义词是沟通，对沟通的解释与交流有很多相同之处。百度百科的注释是“沟通是人与人之间、人与群体之间思想与感情的传递和反馈的过程，以求思想达成一致和感情的通畅”。交流可以交流思想等精神层面的东西，也可以交流物质层面的东西，而沟通是指精神层面的沟通，交换的是思想、情感等方面的信息。由此可见沟通是人们分享信息、思想和情感的过程。沟通可以通过口头语言和书面语言，也可以使用包含形体语言，甚至个人的习惯、行为方式进行沟通，沟通同样可以利用物质环境，只要在采用的方式中赋予一定的信息含义，任何形式、方式都可以形成沟通。可以说交流和沟通是人内心的一种本能和期盼，这种本能和期盼就像人要呼吸一样，对人的生存显得格外重要。

如果人的交流和沟通成为人生活的必须，那么交流和沟通一定是让学生学习“嗨”起来的重要因素。文艺复兴时期法国思想家蒙田在《随笔录》中说过：“与别人交流有助于自己的思想的修养。”① 追求完善是人的天性，思想的丰富与充实是人完善的重要方面，在学习上更是如此。在课堂上要让学生的学习“嗨”起来，缺少沟通和交流是不行的。传统课堂大家鸦雀无声，只有静听，没有交流，课堂上不可能出现“嗨”的场景。只有让学生充分动起来，让学生交流起来、沟通起来课堂才会活跃，学习气氛才能达到“嗨”点。而课堂上让学生“嗨”起来的沟通和交流要以学习科学的教育理念为基点，以团队学习和小组合作交流为保障，这样才能形成学生之间、学生和教师之间的良好沟通。在学习科学友善用脑的课堂上，团队学习贯穿始终，为学生在课堂上充分沟通交流奠定了基础，形成了课堂上学生的学习共同体。

① 蒙田．智慧人生随想录：蒙田随笔精选［M］．武汉：长江文艺出版社，2012.

二、学习共同体

学习共同体也称学习社区，学校班级的学习共同体是由学习者（学生）和助学者（教师）共同组成的，以完成共同的学习任务为载体，以促进成员全面成长为目的，强调在学习过程中以相互作用的学习观为指导，通过人际沟通、交流和分享各种学习资源而相互影响、相互促进的基层学习组织①。学习共同体与传统教学班和教学组织的主要区别在于强调人际心理相容与沟通，在学习中发挥群体动力作用。佐藤学认为：“我们所熟悉的黑板、讲台、学生的课桌向前整齐排列，教师使用粉笔对教科书的内容进行讲解的‘同步教学’的课堂形式，是以产业主义社会大工厂的生产流水线系统为模型，以‘经济效率性’为原理的课堂形态及学习形态。这种传统的‘同步教学’的课堂形态如今在欧美各国已被放到了博物馆，他们正在向‘协同学习’为主的课堂形态、学习形态转变。”佐藤学把“协同学习”为主的课堂形态称为学习共同体，他对学习共同体的解释是：“‘学习共同体’是一个表现学校改革‘愿景’的词语。我将‘学习共同体’的学校定义为：‘学生共同合作学习的场所，教师作为教育的专家共同合作学习的场所，家长与市民共同合作学习的场所’。”② 美国国家研究院（NRC）行为与社会科学以及教育两个委员会的研究成果《人是如何学习的》一书，对共同体的解释是：“我们用共同体中心这个词表示共同体的几个方面，包括把班级作为一个共同体，学校作为共同体，学生、教师、管理人员认为与之联系的更大的共同体还包括家庭、行业、州、国家甚至整个世界。”③ 无论百度百科，还是佐藤学，或者是美国国家研究院

---

① 百度百科：学习共同体。

② 佐藤学，于莉莉．基于协同学习的教学改革——访日本教育学者佐藤学教授［J］．外国中小学教育，2015（7）：1-7.

③ 约翰·布兰思福特，等．人是如何学习的［M］．程可拉，孙亚玲，王旭卿，译．上海：华东师范大学出版社，2013：128.

(NRC) 行为与社会科学以及教育两个委员会的研究成果，对共同体的定义概括起来包括三部分内容：第一，学习共同体是一个学习的社区、平台和场域；第二，学习共同体由学生、教师、教育管理人员、家长，以及学习场所的物品、设备等构成，是一个以学生为主体的现代社会学习群体和场域的融合体；第三，学习共同体以完成共同学习任务为目的、与社会和时代密切相关、实时互动、具有主体性质的学习组织。

三、学习共同体的性质

学习共同体具有五个性质。

第一，行为具有主体性。学习共同体作为一种新的教育体系，不仅是教育的对象，而且是教育的主体，是教育改革的内在动力。

第二，系统具有开放性。学习共同体包含在社会关系的整个体系之中，具有鲜明的社会倾向性，是一个开放的体系，顺应宏观社会的历史变革，把学习放在解决现实问题的框架中，让学生在充分交流讨论中理清学科逻辑，探明解决问题的具体步骤，对学习不断做出开放、动态、宏观的研究和反应。

第三，成员具有组织性。学习共同体具有高度的组织性，是成员之间沟通交流的组织支架，也是沟通交流取得成果的形式保障。学习共同体是以责任依从关系与情谊互联关系交织在一起的、有目的的、个人与个人的融合体。融合体保证了沟通的顺畅和交流的充分，是学生学习过程中“嗨”起来的组织保障。

第四，目标具有整体性。学习共同体必须对组织成员实施全面发展的教育，以发展每个学生的个性、提高学生的整体素质为终极目标。

第五，活动整合一致性。学习共同体的所有活动都具有整合的一致性，以共同目标为导向，强调分工合作，彼此协调，要求做到高度的合作与自主的统一，形成整体合力，实现学习目标。

总之，班级学习共同体是以学生为主体的现代社会群体，由具有客观必然性的“自在之物”，经过教师按照一定的学习目的和教育规律运行转换的“为我之物”，进而发展成为目的明确、组织保障、自主探讨、交流充分、效果显著的“自为之物”。正是在“自在”到“自为”的转化中，学习共同体把“我讲你听”的传统“静听式”的课堂教学，变成“以学生为主”，体现“所有的学生都是天生的学习者”，让学生充分沟通和交流的自主学习课堂，完成了教育基点的根本转变。团队学习是以学生亚文化为主要表现特征的现代社会学习群体，真正落实了以学生为本的教育理念，形成了教学以“活动”为主要特征，以“交流”为充分保障，以“团队”为活动支点，充分体现学习共同体思想内涵的共同学习形式。这种形式使“所有的学生都是天生的学习者”，学生是学习的主人，以学生为本的教育理念在课堂教学中得到了真正的落实和根本体现。

四、学习共同体产生巨大功效的原因

学习共同体为什么能够在学生学习过程中产生巨大的功效？原因在于学习共同体满足了学习者自主、能力和归属三大心理需求。在讨论自主问题时，我们介绍了自我决定理论，其中谈到人有三个需求，一是自主需求；二是能力需求；三是归属需求。在学习共同体中，学习者感到自己和其他学习者同属于一个团体，进行共同的学习活动，遵守共同的社会规则，具有一致的价值取向和个体偏好，于是，产生强烈的归属感。学习者在自主学习的过程中，不断迎接挑战、解决问题，使自主需求和能力需求得到了满足。在互相交流和讨论的过程中，彼此尊重，互相启发，使自尊感、认同感得到了满足，有利于增强学习者对共同体的参与程度，对于维持共同体持续的互动张力，深入的学习探究有着积极的促进作用。在学习共同体的互动交流中，学习者与学习者、学习者与辅导者、学习者与指导者能进行多种形式的交流讨论，可以在课堂上，也可以通过互联网、微信等各种设备，进行深度的、无障碍的沟通。学习者可以看到不同的信息，看到理解问题的不同角度，促使他们进一步反思自己的想法，调整和修正自己的学习路径，重新组织自己的理解和思路，这个过程正是学生"元认知"发展的过程。

五、学习共同体与线上学习

谈到学习共同体中的沟通交流形式，不得不谈到计算机、手机等电子网络设备，一场突如其来的疫情，把网络教学推到了教师和学生面前。事实上在学习共同体的讨论中，利用网络实现教学也是重要的方面。作为让学习"嗨"起来的重要手段——"交流"，我们对网络教学不做深入的探讨，但是我们希望教师能在与学生的交流过程中，充分运用网络优势，解决学生学习中的问题。

网络教学的效果显然不如课堂上面对面的互动教学效果好，但是如果能够采用学习共同体的方式，同样可以弥补很多不能面对面交流的不足，收到好的学习效果。北京永乐店中学的韩为老师在2020年辅导高三学生参加数学高考的网络教学中为学生设计学习活动，为学生的学习活动提供引导和反馈，促进学生的交流和反思。他从"知识的提供者"变为"学习的促进者"，与学生就相关问题展开深入的对话，以此激发学生原有的生活知识经验和前拥知识，促进学生对新、旧知识的联系，促进知识在新情境中的迁移。在与学生的对话中，韩老师向学生提出一些启发性的问题，有时也会帮助学生形成学习上的假设，或形成自己的判断和观点，让学生的思维能力有了很大程度的提高。韩老师借助网络，使这种对话式的交流达到很高的个性化程度，极大地发挥了每个学生学习的主体性。韩为老师的学生在2020年高考中取得了很好的成绩，本科上线率达到了95%以上，韩为老师成为北京市通州区教师教学中的新秀。韩为老师在网络教学中充分运用学习共同体，帮助学生取得学习成功的实例，值得我们认真研究和探讨。在疫情防控常态化的今天，学生恢复课堂上的面对面学习，但是学生永远也回不到疫情之前，他们的网络学习能力有了很大提高，教师可以考虑把互联网作为课堂交流的重要补充，让网络学习成为学生课堂上“嗨”起来的动力和资源。

六、交流的组织支撑

课堂教学中学生学习的最“嗨”点在于学生的交流，学生的交流是以团队学习为支撑的，团队学习的理论依据是“学习共同体”，在友善用脑团队学习的课堂上，教师不再是教学的发起者和控制者，而是作为学习者的伙伴参与到沟通活动中。教师在与学生进行的沟通中，学生是知识的自主建构者，进行主动的探究和讨论，积极调动前拥知识，使之在新的情境中迁移生成新的知识。这样的学习不仅有力地促进了学生的思维发展，增长了学生的学习能力，而且极大地提高了学生的学习兴趣，增强了学生的学习自信，激发了学生自主学习的热情。以“学习者为中心”是学习共同体的教师应该永远遵循的行动准则。在以“学习共同体”为理论支撑的“团队学习贯穿始终”的课堂上，因为教师是学习的参与者，是学生学习的伙伴，所以与传统教学相比，教师更容易将学科专家或其他专业人士引入教学中，让其参与学习者的讨论交流中，为学习增加新的资源和动力。学科专家可以为学习者提供与所学内容相关的各种实际例子、个案和最新研究状况，提供各种反馈信息，展示各种不同的观点和解决问题的思路。学科专家还可以借助互联网为学生提供与当前学习内容有关的最新信息资源，引导学生展开对相关问题的进一步探索。这将使学生超越教室的界限，超越课本所接触的现成信息，进一步与真实世界的问题情境联系起来，提高获得知识的能力和方法。

在学习共同体中，学习者彼此之间的交互活动对学生认知活动产生促进作用。学生可以围绕当前学习的主题进行讨论交流，各自形成自己的判断，表达自己对问题的理解以及解决问题的不同思路，相互分享各自的想法，相互解疑、争辩和评价，合作解决各种问题。这种交流合作可以丰富学生的思想，加强对问题的深度理解，同时也会引发对各种想法的批判性思考，以及对自己原有思路的深入反思和调整。当然搞好交流活动的重要前提是：教师组织课堂讨论或者涉及课堂活动的时候，选择讨论的题目或者涉及课堂活动的主题，应能够激发学生探讨的兴趣。因此要求教师在选择题目或主题时，要了解学生的前拥知识和生活体验，选择的题目既不能没有挑战性，又不能超出学生的能力范围；既能激发学生的探讨兴趣，又能使学生依靠自己的力量找到解决这个问题的方法，只有这样才能引发学生积极热烈的讨论。

这种使每个人都与其他学习者分享自己的见解，同时又接受其他人的影响，丰富扩充自己的知识领域，开阔自己的视野，提高自己在学习和解决问题活动中的自我效能感的做法，对于发展学生的思维十分有利，这就是在激发学生的“元认知”。实践研究表明，基于学习共同体的沟通交流，可以促进学生知识的获得和应用，可以促进学生学习和反思活动的高度发展，形成学生学习上的“元认知”，提高学生的学习动力以及在学习过程中对自主学习活动的自我管理能力。

学习共同体是在共享性、协作性的学习活动中形成和发展起来的。为促进学习者之间的协作、交流，教师和其他教学设计者要尽量选择一些开放的、具有一定复杂性的、真实性的任务，以便使学习者感到问题有意义、有挑战性，从而激发他们参与学习活动的兴趣；使不同学习者对问题有不同的观点和思路，从而具有讨论交流的必要；可以将任务分成若干侧面，组织小组合作、团队学习活动，对一个整体任务分而治之地深度处理；作为活动的结果，各个学习小组或学习团队应该能够提交一份学习“产品”或“作品”，进行相互交流，互相评判，促进对问题的深度理解。以课题、项目或任务为基础的探索性学习，在学习共同体中应用越来越广泛，教师要对所设计的各种任务进行分析，确定其中所涉及的各个侧面和不同变量符合学习目标的要求，同时制定学习规则，决定评价学习结果的客观标准，保证学习能够收到明显的实效。

七、团体动力学

20世纪30年代，著名心理学家库尔特·勒温提出“心理动力场”的概念，成为是团体动力学的理论基础。他认为，团体是一个动力整体，个体的心理和行为随着动力场的变化而变化，即个体会受到团体氛围的影响，接受团体规范，共同实现团体目标，增强团体凝聚力，同时利用个体在团体中的相互作用达到团体的改变，由此推动个体的改变。勒温根据实验得出结论：如果首先使个体所属的社会团体发生相应的变化，然后通过团体改变个体的行为，这样做的效果远比直接改变个体的效果要好①。

1939年，勒温在《社会空间实验》中首次提出团体动力学的概念。团体动力学认为，个体行为是由个性特征和“场”，也就是“环境”之间相互影响作用的结果②。团体动力学是应用“场”理论，研究团体、团体活动过程、团体行为的动力或动态的理论。勒温将团体视为动力整体，整体中任意部分的变动均将引起其他部分的变动。就“场”理论的团体观点而言，团体行为以团体所有产生影响的事实为前提，个体行为与团体行为相一致，并且个体与团体相互依存，形成了团体的本质。

在团体活动中，团体成员就共同关心的话题进行讨论，分享共同的愿望和目标，遵守共同的价值和原则，获得团体其他成员相似的体验和共同的诉求，帮助个体自我觉察和内省，个体在团体中得到倾听、理解、共鸣、接纳、安慰、鼓励、支持、信任、合作、赞赏等积极正向因素，使个

① 康林．团体动力理论在心理健康教育课中的运用［J］．江苏教育，2019（88）：49-50.

② 华英君．班集体建设与团体动力学［J］．班主任，2014（7）：1.

体能够吸收来自团体的力量，让个体的力量也汇集到团体中，团体的目标逐渐由分散趋于集中，力量由微弱、单薄变为厚实、壮大，从而更加有力地推动个体发展，使之更加乐观、主动地向着团体共同的目标努力。团体带给个体的影响是巨大的，这种影响会延续到课堂之外的学习、生活中，使个体健康、幸福地发展。从团体本质而言，团体是一个包容诸多个体的“格式塔”，而不是个体的简单集合。团体取决于团体成员相互依赖和存在的内在联系，并非取决于个体单独的特征。因此，勒温以为，团体具有整体性强的特点，尽管团体行动在执行过程中需要团体内部各成员完成，但是团体对个体始终具有巨大的支配力量①。

作为一种具有激励性质的团体目标，包括团体内各成员对团体所持有的期望。这种期望连同团体自身的期望，在团体效能发挥及发展方面都拥有至关重要的作用。团体目标的建立有助于团体成员的凝聚，团体工作的评估，团体成员的自我评价以及团体成员积极性的调动。一旦团体成员认可和采纳的团体目标产生，“求同压力”便会产生。因此对团体及团体成员所发生的行为活动，将具有融汇整合的作用，这就是团体对个体的支配力量。在对社会空间进行实验方式研究的过程中，勒温及其学生提出了“团体气氛”的概念。勒温认为，团体气氛具有民主性和专制性。专制是强加于人的，而民主是逐渐学会的。人变好或变坏取决于身处的环境所形成的社会力量，所以理解这种力量是每个人的责任，进而能够使每个人向自己生活所需要的方向发展。由团体内部制定的团体规范，为团体成员都必须遵守的纪律和条约，在稳定团体生活、协调和促进团体效能发挥方面产生重要作用。团体规范应当具有合理性、必要性和明确性，是经团队成员充分讨论、在共同认可的前提下共同制定出来的，其内容表述应当以正向引导为主，秉持公平一贯和始终如一的原则，采用积极方法在团体内实

① 常雅慧．对高校班级文化建设的若干思考——基于勒温团体动力理论［J］．吉首大学学报（社会科学版），2017，38（S1）：172-174.

施和执行，并应该注重对其进行经常性的检查，从而发现问题并及时解决问题①。

八、怎样构建学习共同体

团体动力学的理论，解释了为什么学习共同体能够在学生学习过程中发挥巨大作用，为什么能够产生 1+1>2 的效果，使我们在实施学习共同体的过程中，思想更加坚定，行动更加果敢，实效更为巨大。创建学习共同体首先要增强学习者的“共同体意识”，使他们意识到自己是在一个团体中进行学习，而且感受到团体对自己的价值和意义。共同体意识的培养需要一个过程，对于新建的学习共同体，可以让每个学习者做自我介绍，通过小组会或联谊活动使全体成员互相了解。学习共同体可以利用墙报、网站，在墙报或网站上开辟共同体的专栏，让每个学生通过建立自己的个人介绍或主页，加强彼此的熟悉和了解。要鼓励学习者在学习过程中相互求助、相互提供帮助，而不能只把自己的问题发给同伴或老师，这样不利于共同体的构建，要形成共同体中对问题的互相交流，使学习者感受到共同体对自己的价值。

要根据学习任务及学习者的特点选择一定的组织方式，比如，采用小组合作、团队学习的方式，每个学习小组安排一个组长，负责协调本小组的活动，报告小组的进展情况；安排课题负责教师、学科专家、若干辅导员以及技术支持人员等就小组或团队的工作进行经常评点，对各组开展的学习活动要有建设性的意见和适当的鼓励。点评的形式可以多种多样，可以进行面对面的交流，也可以在网上交流，总之要根据不同的需要，从加强深度交流的目的出发选择交流方式。共同体学习最好能将面对面的线下

① 常雅慧．对高校班级文化建设的若干思考——基于勒温团体动力理论［J］．吉首大学学报（社会科学版），2017，38（S1）：172-174.

课堂教学与网络学习衔接起来，使课堂教学活动与网上查找资料、自主学习相衔接，并且保证在内容和组织上具有一致性。

教师要围绕所确定的教学内容及目标展开与学习者的交互活动，同时要鼓励学习者之间开展对学习内容的交流和协作，并对学习过程进行监控调节。这种交流、反思、监控和调节，就是在学习共同体中形成的学习“元认知”。学习共同体中要很好地发展学生的元认知，需要在整个交互过程中，教师要不断根据学习者交流、提交的内容，鼓励学生进行自我评价、小组成员间的相互评价和小组间的彼此评价，将过程性评价与最终的学业成绩评价联系起来，成为促进学生学习进步的动力。这种评价和监控对于维持高水平的交互活动具有重要意义，也是学生思维发展的重要手段。教师要在与学生的对话中提出问题，时刻明确所要完成的学业要求，提供有关的个案研究及实际例子，从而激发学生对相关信息的搜索、采集、分析和评价兴趣，决断与实施实现学习目标，发展学生的综合思维水平，提高学生的学习素养。在发展学生思维水平的过程中，网络学习是重要的资源和手段，要把传统教学与网络教学紧密结合起来，尤其是我们应该充分利用网络帮助学习者解决学习中的困难，在充分的沟通、协作中实现高水平的思维发展和对学习内容的深层理解，促进积极主动的社会性知识建构。

九、再谈元认知

在学习共同体构建和实施的过程中，合作学习的方式直接促进和发展了学生学习过程中的元认知，元认知被很多人认为是学生自主学习的学习力。1976 年，美国心理学家 J. H. 弗拉维尔出版的《认知发展》首次提出了“元认知”的概念，他将元认知表述为“个人关于自己的认知过程及结果或其他相关事情的知识”，以及“为完成某一具体目标或任务，依据认知对象对认知过程进行主动的监测以及连续的调节和协调”的思维活动①。1981年，他对元认知做了更简练的概括：“反映或调节认知活动的任一方面的知识或认知活动。”② 著名心理学家A. 布朗与L. 贝克认为，元认知是“个人对认知领域的知识和控制”③。美国国家研究院（NRC）行为与社会科学以及教育两个委员会的研究成果《人是如何学习的》把“元认知”定义为：“是指人们预测他们在各种任务中表现的能力，以及对目前理解和掌握程度进行监控的能力。”④ 由此我们可以概括为，元认知是在学习者明确学习目标的情况下，计划和实施学习任务、检查和反思学习过程、控制和调整学习状况的能力，元认知能够确保学习目标的实现。

布朗等认为，元认知包含两大成分：关于认知的知识和认知调节⑤。关于认知的知识是个体关于自己的认知资源及学习者与学习情境之间相容性的知识，即个体关于自己的认知能力、认知策略等的知识，以及在何种问题情境下应该运用何种认知策略，如何最佳地发挥自己能力的知识。也就是说，关于认知的知识是一个知识实体，包含关于静态的认知能力、动态的认知活动等知识。认知调节是指一个主动的学习者在力图解决问题的过程中所使用的调节机制，包括计划、检查、监测、检验等。这是一种过程，即对当前认知活动的意识过程、调节方法。元认知的两部分具有不同的性质，关于认知的知识是稳定的、可意识、可表述的，随着个体年龄的增长而发展。认知调节不太稳定，通常是无意识进行的，故不易表述，更

---

① 施澜，郑新华．基于“学会学习”的元认知理论与教学启示［J］．文教资料，2020（16）：178-180.

② 施澜，郑新华．基于“学会学习”的元认知理论与教学启示［J］．文教资料，2020（16）：178-180.

③ BAKER L, BROWN A L. Metacognitive skills and readings［A］. Pearson P D. Handbook of reading research［C］. New York：L ongman，1984：353-387.

④ 约翰·布兰思福特．人是如何学习的［M］．程可拉，孙亚玲，王旭卿，译．上海：华东师范大学出版社，2002.

⑤ 汪玲，郭德俊，方平．元认知要素的研究［J］．心理发展与教育，2002（1）：44-49.

多地依赖于任务和情境，而不依赖于年龄。即使是年幼的儿童，在某些任务中也能运用这种调节方法，这些任务通常是对个体来说具有一定难度，但又不是太难的任务。

弗拉维尔认为，元认知的两大主要成分是：元认知知识和元认知体验[①]。所谓元认知知识，是指个体所存储的既和认知主体有关又与各种任务、目标、活动及经验有关的知识片段。弗拉维尔认为，元认知知识主要有三类：第一，个体元认知知识，即个体关于自己及他人作为认知加工者在认知方面的某些特征的知识；第二，任务元认知知识，即关于认知任务已提供的信息的性质、任务的要求及目的的知识；第三，策略元认知知识，包括认知策略和元认知策略及其有效运用的知识。同时弗拉维尔特别强调三类知识的交互作用，他认为，不同个体会依据特定的认知任务对策略做出优劣的判断。所谓元认知体验，是伴随并从属于智力活动的有意识的认知体验或情感体验。有很多元认知体验是关于在某一认知活动中，你已取得的进展或将取得的进展的信息。弗拉维尔认为，在认知活动中，元认知知识和元认知体验是相互作用的。一方面，元认知体验能导致元认知知识的增加、删除或修改，个体在认知活动中会发现目标、策略、元认知体验和任务之间的关系，然后将这些发现同化至现有的元认知知识系统中；另一方面，元认知知识可以帮助个体理解元认知体验的意义，以及元认知体验对于认知行为的暗示。两者的关系还体现在有时是部分重叠的，有些元认知体验可看作是进入意识的元认知知识片段。

比较与综合对照布朗和弗拉维尔对元认知结构的分析可以发现，两人都认为元认知知识是元认知的成分之一，但关于元认知的另一成分，他们却有不同的看法。布朗的另一成分是对认知的调节，而弗拉维尔则没有这一表述。这一区别的来源在于，弗拉维尔分析的是作为静态的知识结构的

① 汪玲，郭德俊，方平．元认知要素的研究［J］．心理发展与教育，2002（1）：44-49.

元认知，而布朗分析的既是知识实体，又是动态过程的元认知，即分析对象的不同造成了分析结果的差别。其实，从两人对元认知的定义可以清楚地看出，他们都认为元认知不仅包括关于认知的知识，也包括对认知的调节。弗拉维尔的另一成分是元认知体验，而布朗并没有提及。其实，布朗所提出的调节技巧如计划、检查、监测、修改、评价等，都与元认知体验紧密相连。有些技巧的应用会导致元认知体验的产生，有些技巧的应用则受到元认知体验的驱动和指引。也就是说，元认知体验伴随着认知调节的整个进程，离开了它，认知调节不可能进行。

综合两人的观点，我们认为，元认知由三个部分组成：元认知知识、元认知体验、认知调节。第一，元认知具有双重状态，既是静态的知识实体；也是动态过程，因此，认知调节应属基本成分之一。第二，元认知体验与认知调节在性质上是不同的，前者是认知主体的情感或认知的体验状态，而后者是过程（或技巧），因此应该将元认知体验与认知调节分离开来，作为两个相对独立的成分。三个方面虽然相对独立，实则密不可分。一方面，认知调节既受到元认知体验的激发和指引，又以元认知知识为基础；另一方面，认知调节的每一步都会使个体产生新的元认知体验，同时也会丰富、发展个体的元认知知识。并且，元认知知识和元认知体验是相互影响的，三个方面相互作用、循环往复，三者动态有机的结合即构成了元认知。

虽然元认知教学显著影响学业成绩，但也有学者同时指出，学习者对它的重视不够。具体体现在：第一，学生应该具备一般的元认知技能，不能仅将元认知运用在个别认知领域，而要把元认知应用到学习的各个不同情境中。第二，学生要养成自我监督的习惯，不能盲从于教师的指令，要善于反思和调整。缺乏元认知能力的学生通常不知道在学习过程中要做什么和已经做了什么。第三，学校要重视学生元认知能力的培养，教师要有意训练学生的自我反思和调控能力，普及元认知知识。尤其是在传统教学方式为主的课堂教学中，学生缺乏沟通和交流，课堂上缺乏元认知发生、发展的客观条件，阻碍了学生元认知的发展。

元认知对于提高学生的学业水平，促进学生的思维发展具有巨大的意义和作用，那么如何提高学生的元认知呢？

第一，教师要以学习任务为导向，帮助学生积累元认知知识。首先，教师可以提前将教学大纲和学习目标发给学生，让学生在学习前明确学习目标，结合自己的实际情况，对学习任务进行整体规划，制订学习计划，学会建立知识间的立体网状结构。其次，学生需要不断学习和积累元认知知识，避免认知调节中的盲目性。掌握了元认知知识，学生就可以根据不同的学习任务选择相应的学习策略，使认知活动有效地向学习目标靠近，从而高质量地完成学习任务①。

第二，学生要依靠团队和学习小组，感受元认知体验。实践研究表明，在团队学习和小组合作中，适当的提问可以激发学生的学习兴趣，增强学生的元认知意识。教师要在学习过程中，鼓励组建的学习团队同伴间的交流和相互提问，帮助学生觉察认知活动中的差别，增强认知活动的体验。如教师可以要求学生注意总结：初期对学习任务理解的程度，学习过程中遇到困难的解决策略，困难解决后在学习和技能上的收获体验等。元认知体验强化了元认知知识，推动学生自觉地调节和修正自己的认知活动，对认知活动能否继续进行产生了巨大影响，同时也提升了学生的沟通合作能力，发展了学生的质疑精神，使学生从被动学习转为主动学习②。

第三，及时反思评价，提高元认知监控能力。不断地反思能够提高思维能力。鼓励学生对知识的认知过程进行反思和评价，通过反思和评价控

---

① 施澜，郑新华．基于“学会学习”的元认知理论与教学启示［J］．文教资料，2020（16）：178-180.

② 施澜，郑新华．基于“学会学习”的元认知理论与教学启示［J］．文教资料，2020（16）：178-180.

制学习的过程，检查认知结果，及时调整学习方法，弥补学习策略和思维方法的不足。反思和评价激发了相应的元认知体验，完善了学习策略，当发现有价值的想法时可以及时记录下来，增强学生的创新意识①。

第四，分析实际问题，拓展认知层面。在实践中应用是教育的目的，教学中应引导学生用知识解决实际问题。在解决实际问题的过程中，学生对所学知识进行了内部关联和外部拓展，实现了知识的迁移，拓展了认知层面。同时，学科中的学科素养和能力也传递给学生，引导学生将学科思想应用到解决实际问题的过程中，激发学生学习的内在动力，从而更好地实现学习目标，达到对知识的深度理解和学习②。

如果说沟通、交流使课堂教学达到了“嗨”点，那么团队学习就是这个“嗨”点的重要支架，成就团队学习的理论支撑是学习共同体，而在学习共同体的背景下，学生学会了学习，增强了自主学习的学习力，这个学习力就是发展了学生的“元认知”。某种意义上讲，课堂教学中沟通、交流的“嗨”是形式的活跃，这种活跃的背后寻求的是学习目标的落实，而学习目标的最终落实是靠学生的元认知发展的。形象地说，我们是通过交流、沟通的渠道，步入了学习共同体的殿堂，实现了发展元认知的学习终极理想。我们在对学习共同体和元认知的理论追溯过程中，不但知道了理论的起源、发展和实施方法，而且知道了这些理论对课堂教学的指导和影响，让我们在未来的课堂教学中更加理性，变革更加大胆，设计更加充分，成果更加显著。我们会更加从容睿智地使用学习科学的教学策略，理性地运用友善用脑的课堂教学方法，通过沟通和交流的方法，让学生在团队学习的“共同体中”，实现学生对知识的把握，促使学生元认知的发展。

① 施澜，郑新华．基于“学会学习”的元认知理论与教学启示［J］．文教资料，2020（16）：178-180.

② 施澜，郑新华．基于“学会学习”的元认知理论与教学启示［J］．文教资料，2020（16）：178-180.

总之，让学生学习“嗨”起来，不仅要实现课堂教学中的活跃，交流沟通的充分，而且要实现团队学习的互动、自主，同伴互助的提升和学习共同体的和谐有序发展，最终达到每个学生个体认知水平的提升和元认知能力的提高，以追求个体与个体之间互相依存、互相促进、协调发展、共同提高的团体效应，形成具有整体合力，成为自主学习主体，发展学生认知水平，提高学生元认知学习能力的学习共同体的整体飞跃。

回顾本章的主要内容，我们从学习“嗨”的特征谈起，讨论了自信、兴趣、自主、专注和交流五个能够激发学生在学习上“嗨”起来的作用点，对每一个作用点所涉及的理论支撑进行了追溯和探究，目的是让老师更广泛和深入地了解学习科学、心理学的基本理论，以及这些理论对课堂教学的指导和规范作用，使老师在课堂教学中更加理性、睿智，在操作中更加从容、有序，在效果上追求高效、显著。

第三章

让课堂学习“嗨”起来

学习时刻都在发生，并伴随一个人的终身，但系统学习仍是在学校，主要在课堂。在课堂学习中充分保护学生的自信，激发学生的兴趣，调动学生的自主，促进专注的持续，建立交流的支架，是让学生愿学习、爱学习的关键。

新教育理念越来越被广大教师所接受，并尝试践行。但深入当前的课堂，也能感受到教师理念与行为的差距。关注学科核心素养，但课堂上却仍然经常是解题至上，以灌带思；倡导以学生为本，课堂上却仍然多是教师为主，以教定学，师生的互动更是贯彻"与教学设计一致的回答被肯定、得好评，不一致的被忽略、被请坐"；课堂的提问缺乏深度和回应，合作探究缺乏环境和评价。课堂学生的活跃仍然是偶发，课堂的表现仍多存于理性收获的淡然，而不是发现与获得的愉悦。课堂上缺乏让学生学习"嗨"起来的"嗨"点，更缺乏让学生学习"嗨"起来的环境。

当前的教育导向和教育责任进一步坚定了课堂教学的探索，对学习的理解和对学习科学的把握进一步促进友善用脑课堂教学的实践。

课堂学习是否能够调动学生积极参与、焕发学习热情、推动课堂深入、激发学习"嗨"点，需要教师精心布置并营造温馨宽松、积极向上的学习环境；组建并锤炼具有互助意识、进取精神的学习团队；研究并制定精准适切、可操作的学习目标；创设并推进可持续、具有挑战性的学习探究；展示并落实清晰有效、具有支架作用的学习规则；形成并实施能够引导学习、促进发展的课堂评价。

本章以友善用脑"一三八"课堂教学范式为例，围绕环境、团队、目标、探究、规则和评价六个角度与大家分享思考与实践。

第一节 友善用脑“一三八”课堂教学范式

友善用脑“一三八”课堂教学范式既有先进科学理论的指导，又有具体操作的路径，对于提高课堂教学效率，提升学生的学习能力很有帮助。

一、友善用脑“一三八”课堂教学范式的基本内涵

学习科学是研究人的学习机能的学科，开展学习科学研究的目的，是为了更好地理解和掌握人类在认知和社会化过程中学习的规律和技巧，以使人类更加高效地学习。友善用脑课堂是学习科学理念在课堂中的典型实践范本。友善用脑课堂是充满对个体尊重、充分体现平等沟通的以探究为主的和谐课堂。对学生平等，首先要确立以学生为中心的教育基点，教师不能站在自己的角度研究学，而要在课堂上建构“学生所有制”。设计课堂教学要把学生放在中心地位，从学生的兴趣爱好和前拥知识出发，创设诱发学生思考，利于学生知识迁移的活动，让学生在活动中充分交流展示，不断领悟升华，从而掌握知识要点，增强学习能力。坚持和尊重学生在学习中的主体地位是根本出发点。

友善用脑课堂研究总结提炼出的友善用脑“一三八”课堂教学范式，倡导以“创设场景、诱发思考、引导结论”为基本原则备课、上课，通过“讲目标、讲活动、讲规则”的“三讲”，让教师深入思考课堂目标定位，并展示给学生，让学生在清晰的目标下学习；研究并设计有趣味性、针对性、启发性和实效性的活动，激发学生的课堂学习场域；制定并明确有继发性、引导性、评价性的规则，促进学生真实、深入的学习。改变“授受式”教学中教师讲解灌输为主的弊端，为步入“深水区”的中国课堂教学改革构建起以“学”为主的课堂教学新生态。友善用脑“一三八”课堂

教学范式是构建打造“嗨”课堂的有效方式和途径。

友善用脑“一三八”课堂教学范式，可以理解为友善用脑课堂教学的基本样子。课堂教学有基本范式，但非模式，是教学工作的特点所决定的。不论是施教者还是受教者，都是鲜活的生命个体，具有各不相同的特征，死板僵硬的固化套路是很难行得通的。范式就是做出基本示范供人参考。范式与模式不同的是不让人刻板模仿，允许在充分理解的基础上超越和创新。提供示范易于初学者快速接受并进入实践，超越和创新又保证了其适应性、稳定性和鲜活性的维持。

友善用脑“一三八”课堂教学范式包括“一个原则”“三个讲”和“八个步骤”。“一个原则”即创设场景、诱发思考、引导结论；“三个讲”即教师在课堂上利用3~5分钟讲清楚本课的目标、活动和规则，之后把时间交给学生，让学生自主探究学习；“八个步骤”即由舒缓情绪、明确目标、布置活动、宣示规则、学生探究、团队展示、质疑辨析、师生评价等环节构成的课堂教学流程。基于学习科学的友善用脑“一三八”课堂教学范式，是以学生为主体的课堂教学范式，它更加明确地把学生放在了课堂的中心位置，真实推动了以学生为主体的教学理念和实践导向。

从教师实际教学角度看，友善用脑“一三八”课堂教学范式的实施步骤可以这样理解和操作。

（一）理解本质：遵循一个原则

明确理念：学生是学习的主体，学习要真实发生在学生身上，教学要帮助促进学生实现思维的发展。

1. 创设场景

为学生创设真实有意义的学习情境，贴近生活，又有学科化处理，为“嗨”建域，为“嗨”护航。

2. 诱发思考

为学生提供解决问题的思路、角度，搭建引导学生掌握实现知识学习和能力提升的“脚手架”，促进其自我生成、自我发展，激发“嗨”点，引“嗨”深入。

3. 引导结论

让学生在活动中交流探讨，积极思考，帮助和引导学生说出结论，促“嗨”有效，促“嗨”分享。

（二）课前准备

1. 了解学生

（1）了解认知特点。利用友善用脑学情调查工具，了解学生认知倾向、思维类型、学习快乐度等，以更加精准适应学生。

（2）了解学习基础。了解学生已有知识、技能的真实基础及容易出现的错误偏差，以满足学生真实需求。

（3）了解生活实际。了解学生实际生活、话语体系、兴趣爱好等，以走近学生实际经验。

2. 确立目标

（1）明确课程标准相关要求是什么，再结合教材，确定本节课如何落实知识和素养目标，从学科体系的深层逻辑角度明确每节课的核心目标，确定自己要“教什么”，即通常所谓的教学目标。

（2）结合学生实际，定位教学重点、难点，将教师教什么、怎么教、教到什么程度转化为学生学什么、怎么学、达到什么标准，即学习目标。

3. 设计活动

活动不是泛指一般性课堂师生行为，而是指具有情境，能够将学生的前拥知识卷入思维活动，形成正迁移，从而生成新知识和能力的学习活动。设计活动需要：

（1）考虑这些问题：学生是怎么思考问题的？平时喜欢做什么？怎么让学生更好参与？怎么做更有意思？关于这一知识学生已经知道了什么？会在哪里出问题？

（2）注意这些事情：兼顾不同层次的学生，有挑战，有梯度。

（3）包含这些项目：有趣的名称，具体的内容，直观的路径，明确的结果。

（4）制定对应规则：要有基本规范，更要有学科要求，能为学生习惯养成、知识学习、思维发展提供行动依据；还要明确评价过程评什么、怎么评、标准是什么；还要注意规则的便于操作执行。

4. 组建团队

依据学情调查结果，按照学习任务的需要，组成"同质异构"或"异质异构"小组，每3至4人分为一组，每组成员团团坐，所有团队面对黑板呈马蹄形分布。

（三）上课八个流程

流程一：舒缓情绪。提前进入教室，帮助学生放松身心。可以播放一段舒缓的音乐，与学生聊些轻松的话题，让学生喝点水，等等。注意重点关注与调控精神状态不佳的学生。

流程二、三、四（"一三八"的"三讲"）：明确目标，布置活动，宣示规则。3~5分钟之内，面向所有学生将学习目标、学习活动、整体要求讲清楚。

目标一般表述为：通过×××活动（学习过程、学习形式），完成×××任务（具体的知识内容），形成×××能力（核学科素养）。

学习目标要自始至终呈现在学生面前，具体形式可以为关键词或思维导图。

每个活动的要求和具体规则可以在相应活动开展之前公布。

流程五：学生探究。教师部署活动和规则，学生以团队为单位开展自主学习。学习活动和活动规则必须明确清晰地交代清楚，让每位学生都知晓。每节课有2~3个活动比较合适，从梯度或意义角度看，可以有铺垫性质的活动、核心活动、拓展性质活动的区分。

教师巡视团队情况，督导团队学习，适度参与组内活动，起到进一步引导和激发的作用，对“优生组”提出更具挑战的要求，对“薄弱组”进行任务分解和搭建辅助支架，组织“优生组”和“中等组”代表到“薄弱组”支援。

可以运用思维导图、健脑操、音乐等学习策略调整学生学习状态，提升学习效果。

流程六、七：团队展示，质疑辨析。代表性团队上台展示，台下小组根据活动规则进行质疑、补充。不同活动选择不同的团队上台，增加展示机会。展示成果为团队成果，避免团队外壳下的个人展示。简单活动或者活动中相对简单的内容，选择薄弱小组展示，给予机会。

流程八：师生评价。基于学习目标，依据活动规则，对展示组和质疑补充组进行打分，开展评价。师生均要参与评价过程。薄弱团队主动展示或质疑补充可以加倍鼓励。

把友善用脑课堂教学评价表（见表 3-1）张贴在黑板上，记录评价情况（这个表格中的三个维度是通用的，维度下具体指标需要师生前期共同讨论并达成一致。）

表 3-1　课堂教学评价表

组名	倾听	规则	合作
1			
…			

（四）准备下课

下课前，带领学生通过冥想回顾整节课的知识结构、方法体系、重点难点，或者引导学生对整节课的学习过程、学习效果进行自我评价和同伴评价，或组织学生用口头语言陈述本节课的收获和反思，同时，可以布置拓展性作业。

二、“一三八”课堂教学范式的基本特点

课堂教学只有遵循人的学习规律，才能提高学生的学习效率。友善用脑“一三八”课堂教学范式让学生在适宜的情境中，将自己已有的知识、技能、概念融入思维活动中，在团队探究的氛围里产生正向迁移，生成新的知识和概念，提升学习能力。“一三八”课堂教学范式遵循了学习科学的基本规律，抓住了课堂教学改革的关键，使课堂教学实现了由教师中心向学生中心的基点转变，使课堂学习实现了从学生被动接受到主动探究的转变，用具体范式保证了课堂教学中学生的中心地位；改变了重知识、轻能力的传统教学倾向；转变了评价机制，把形成性评价贯穿课堂教学始终，让评价变成学生学习的有机组成部分；通过团队学习和在真实场景中学习，铸就了学生学习“共同体”，促进了学生思维的全面发展，全方位锻炼了学生的综合能力。课堂教学范式还对教师在课堂教学中的作用和价值进行了重新认识，明确界定了课堂活动内容和活动规则是教师专业水平的具体体现，教师要将自己对学生的理解和对专业知识的把握，融汇在课堂活动与规则之中，使学生能够在观察体验、探究交流和汇报展示中完成学习任务。友善用脑“一三八”课堂教学范式基本特点在三个方面。

（一）强调在场景中学习

场景是教师为学生创设的“有用的学习情境”，是教师为学生自主学习搭建的“脚手架”。认知科学研究表明，师生的大脑在特定区域活动的同步性越高，教学效果越显著，学生学习效果越好。教师相对学生而言是某领域或学科的专家，“专家具备与其领域或学科相关的巨大知识库，但是只有子集知识才与具体问题关联”，“专家的知识是‘条件化的’——

它包括对有用的情景的具体要求”①。创设场景是抓住知识的核心概念，在概念框架的情景中，让学生把已有相关知识与“有用的情景”结合起来产生正迁移，自主形成新的知识。友善用脑的课堂教学要求教师在设计课堂活动时，与学生日常生活紧密联系，将知识嵌入活动场景中，让学生在活动中积极思考、不断试错，在反思与总结中把握知识。教师在学生学习过程中，隐掩了自己的“专家”地位，达到了与学生思考进程同步的状态，这种“隐掩”培育造就了学生在学习中的探究与反思，促进了学生思维的发展，培养了学生的自主学习能力。

（二）强调团队学习

团队学习是个人优势充分发挥，团队成员默契配合，共同完成学习任务的过程。友善用脑课堂教学的基本形式，把团队学习贯穿课堂教学始终。开展团队学习首先要依据学情调查结果，按照“同质异构”原则进行科学分组。“同质”即学习水平相当的学生组合在一起；“异构”则是将不同思维类型和认知倾向的学生进行合理调配，避免同类型学生扎堆。

团队学习应以“团团坐”形式码放桌椅，每个团队由 3~4 人组成，班额大的班级可以一组 6~8 人，再把 6~8 人的大组分成 3~4 人的两个小组，讨论时先小组交流，然后再大组交换意见、统一思想。所有团队面对黑板形成马蹄形分布，以利于团队成员之间、团队之间的交流探讨。

（三）强调规则与形成性评价

友善用脑课堂教学范式注重课堂评价的实施。课堂上教师只有 3~5 分钟的话语权，当教师讲完课堂学习目标、课堂活动内容和活动基本规则后，课堂的话语权就完全交给了学生。这时，教师把控课堂的唯一手段就是评价。长期实践表明，“倾听、规则、合作”能够兼容品德与能力、知

① 约翰·布兰思福特．人是如何学习的［M］．程可拉，孙亚玲，王旭卿，译．上海：华东师范大学出版社，2002.

识与素养，能够基本包容和概括课堂教学中的主要问题，因此把三个方面确定为友善用脑课堂教学评价的主要内容。在每节课上，教师会将包括三方面内容的课堂评价表展示在黑板右侧，然后根据课前制定的规则和学生的课堂表现，在教学过程中与学生一起打分。严谨周密的规则和及时公正的评价，有助于学生之间形成相互竞争又彼此合作的自主学习氛围，促使学生自主生成课堂学习目标。

三、“一三八”课堂教学范式的配套策略

友善用脑“一三八”课堂教学范式需要教师在科学分析学生学情的基础上，灵活运用团队学习（team）+多感官教学（multi-sensory）、思维导图（mindmapping）、音乐（music）、冥想（meditation）、健脑操（movement）、使用学生自己的学习方法（mimmow：making it memorable my own way）+穿越（cross）+形成性评价（process evaluation，PE）的友善用脑课堂教学策略（“T+6M+C+PE”），使学生成为课堂学习的主体和中心。课堂教学的配套策略是学生学习的有效支架，但并不要求一节课上体现所有策略，根据实际需要选择 2~3 个为宜。这部分内容，本书不做详述。

四、“一三八”课堂教学范式的设计模板

为了帮助广大教师更好地运用友善用脑“一三八”课堂教学范式，产生良好的课堂学习效果，我们专门设计了友善用脑课堂教学设计模板。

设计模板除个人和课题基本信息以外，包括教学依据、学习目标和学习过程三个主要内容。

（一）学习依据

学习依据主要包括教学内容分析和学情分析两部分内容。

1. 教学内容分析

教学内容分析要求教师要清晰阐述所教内容在课程标准中的相关要

求，内容所在的知识体系，能力体系的节点地位和作用，以及本节课如何落实课程标准，落实到什么程度。

课程标准是学科教学的指导性文件，是教师上课必须认真把握和遵循的指南。教师需要通过对课程标准的学习把握，始终保持对课程性质、课程目标的准确理解。对每节课的课程标准要求有科学的把握，才不会偏离教学的基本方向。课程标准规定了整个课程的基本设计思路，是教材编制和开展课程教学的基本依据，所以，教师既要理解课程标准的要求，还要通过对课程标准的学习，理解教材是如何执行和落实课程标准要求的。教师需要将课程标准与教材相结合，清晰内容定位，抓住核心开展教学。

2. 学情分析

第一，学生需要掌握的知识点与学生生活实际的联系。知识是相对固定的，也是刻板僵化的，但学习知识的学生是丰富多样、差异万千的，提升学生学习的效果必须找到知识与学生生活实际的联系点，让学生从生活中，从身边实际探究知识的来龙去脉，自主生成知识。

第二，学生的思维特征，即学生的认识倾向、思维类型和影响其学习的其他因素。不同的学生个体具有不同的学习特征，如果只是按照教师个人倾向进行课堂设计，很难兼顾到不同学生的学习需求。友善用脑学情调查是了解学生学习特点的具体工具。友善用脑学情调查已有专门著作出版，本书不再阐释。对于没有开展过友善用脑学情调查，而又准备实践本范式的教师，可以根据心理学相关知识，并结合平时观察，对学生的认知特点做出判断，对课堂教学如何适应班级学生认知构成做出恰当的安排。

第三，学生的学习起点，即面对学习的新知识，学生已经具备了哪些相关的知识和技能基础，在学习新知识时容易出现什么偏差，存在什么困难，需要教师提供什么帮助和支持等。

（二）学习目标

对学习目标的要求是：依据“教学依据”相关分析确立。学习目标的阐述要说清达到什么标准以及实现方法的途径（见表3-2）。学习目标要使学生能读懂，避免过程与方法、知识与技能、情感态度价值观“三维目标”的简单罗列，要具体，切忌空话、套话和大话。

表3-2 学习目标

学科		领域与课题		课型及第几课时	
学习目标					

关于学习目标本书还将进行专门阐述。

（三）学习过程

学习过程是课堂教学设计的主体部分，表3-3中的内容可以全面呈现教师对一节课的设计逻辑和具体思路。

表3-3 学习过程

学习过程			
环节及时间分配	学习活动	活动规则	活动依据及设计意图
板书设计			

环节及时间分配是教学背后的学科逻辑，表明本节课推进实施的步骤顺序以及占用的时长。比如语文阅读课，可分为落实生字词、梳理文章大意、提炼中心思想等步骤，逐步深入对文章的理解。数学课上，需要先进行概念的明确，再做公式定理的推导，最后解决实际应用问题。

学习活动是为了落实某个环节的学习任务，教师在充分结合知识和学生特点基础上设计的探究场景。学习活动和教学环节之间未必是一一对应的关系，可以用两个以上活动完成某一环节的教学，也可以在一个活动中融合落实两个以上环节的任务。

学习活动的设计要符合和适应学生特点，让学生在综合场景中探究理解和自主生成知识。学习活动需要有基本操作要求，有实施内容的简要介绍，即清楚干什么、怎么干。所有活动之间需要有层次、有梯度，不能是割裂无关的，也就是课堂学习场景要达到整体贯通，背后有主线的牵引。为了更好吸引学生的注意力和参与兴趣，活动要好玩儿有趣，最好有一个有意思的名称。

活动规则是保证活动顺利开展，达成学习目标的关键，也是学生参与学习过程，发展个人思维，提升个人能力的引导。活动规则要能够指引学生按照一定顺序和标准完成学习任务，达成学习目标。活动规则应当包含活动预计达成知识的具体分解，学生对活动规则的完成程度是对活动背后知识的掌握程度。因为课堂上更多的时间交给了学生，教师集中面对学生的单方输出性讲授时间变得极少，所以活动规则是对平时课堂上教师不断引导、反复强调、随时补充的碎片化语言进行高度凝练和整合。当然，活动规则是否科学、严谨和周密，考验的是教师对学科知识的理解和把握能力，考验的是教师对学生的了解和学习过程的有效预设及调整引导能力。

活动依据及设计意图是阐述活动设计的必要性和目的，即为什么设计当前这个活动，而非其他活动？设计这个活动为了解决什么问题，达到什么具体目的？活动依据及设计意图的阐述是教师在课堂教学设计过程中个性化思维的较好体现。

总之，环节及时间分配、学习活动、活动规则、活动依据及设计意图是一个相互支持、紧密衔接、具有内在逻辑的整体。课堂教学环节的安排，活动的设计实施首先要与学习目标一致；学习活动必须面向学习目标，是学习目标落地实施的载体；活动规则进一步保证活动实施和目标的达成，也是开展课堂评价、检验目标是否达成的依据。整体设计达到了目标、活动与评价的一致，实现了教师与学生的一致，对达到教与学的预期结果是巨大的保障。

附件 1

友善用脑课堂教学评价表

<table>
<tr><td>课 题</td><td colspan="2"></td><td>科 目</td><td></td><td>年 级</td><td></td></tr>
<tr><td>授课教师</td><td colspan="6"></td></tr>
<tr><td>评价指标</td><td colspan="5">评价标准</td><td>得分</td></tr>
<tr><td rowspan="4">学习目标
（15 分）</td><td colspan="5">抓住核心知识及其背后的学科逻辑，适应学生前拥知识、经验与兴趣（6 分）</td><td rowspan="4"></td></tr>
<tr><td colspan="5">包括学习方式与途径，达成的知识与技能，实现的能力素养等内容的综合表述（5 分）</td></tr>
<tr><td colspan="5">具体明确，简洁清晰，聚焦本课，符合课标，可衡量，可实现（2 分）</td></tr>
<tr><td colspan="5">面向所有学生明确学习目标，让学生明白知晓，并张贴在黑板左上角（2 分）</td></tr>
<tr><td rowspan="5">学习活动
（30 分）</td><td colspan="5">情境真实合理，贴近学生生活，能够调动学生学习兴趣和参与热情（8 分）</td><td rowspan="5"></td></tr>
<tr><td colspan="5">符合学科逻辑，知识点镶嵌于活动中，将前拥知识带入体验过程，产生正迁移（8 分）</td></tr>
<tr><td colspan="5">符合学生认知特点，能促进学生思维发展和能力提升（5 分）</td></tr>
<tr><td colspan="5">具有开放性和挑战性，有梯度、有深度，活动要求具体、明确、清晰、简洁（4 分）</td></tr>
<tr><td colspan="5">活动中团队学习贯穿始终，团队组建及分工恰当合理，团队作用发挥明显（5 分）</td></tr>
<tr><td rowspan="4">活动规则
（30 分）</td><td colspan="5">符合学科逻辑，紧紧抓住知识点，落实课标要求，促进学生思维发展（10 分）</td><td rowspan="4"></td></tr>
<tr><td colspan="5">为学生搭建思维“脚手架”，划定明确清晰的思维“跑道”，评价标准具体精确（10 分）</td></tr>
<tr><td colspan="5">表述符合学生的认知特点和语言习惯，易于学生理解掌握，便于操作（6）</td></tr>
<tr><td colspan="5">表述简洁精炼，严谨缜密，概括教学要点（每个活动规则不超过 5 条为宜）（4 分）</td></tr>
<tr><td rowspan="3">课堂评价
（15 分）</td><td colspan="5">友善用脑团队学习评价表（倾听、规则、合作维度）张贴于黑板，并充分使用（5 分）</td><td rowspan="3"></td></tr>
<tr><td colspan="5">面向团队，兼顾个体，及时开展形成性评价，促进学生元认知发展（6 分）</td></tr>
<tr><td colspan="5">利用规则调整课堂和学生思维，促进学生自我反思、互助调整和总结提升（4 分）</td></tr>
<tr><td rowspan="4">教学效果
（10 分）</td><td colspan="5">自主学习氛围浓厚，在团队探究、体验、分享、质疑、补充、生成中达成目标（4 分）</td><td rowspan="4"></td></tr>
<tr><td colspan="5">营造利于学生学习的物理及心理环境，尊重学生，按时下课，不拖堂（2 分）</td></tr>
<tr><td colspan="5">教师仪表仪态大方自然，语言表达准确、清晰、凝练（2 分）</td></tr>
<tr><td colspan="5">友善用脑课堂教学策略选择运用适时、适度、适量（一般以 2~3 个为宜）（2 分）</td></tr>
<tr><td colspan="6">总分（满分 100 分）</td><td></td></tr>
<tr><td>整体评价
（总体印象，突出优点、不足等）</td><td colspan="6">评价人签名：</td></tr>
</table>

注：①友善用脑课堂策略（T+6M）：团队学习、思维导图、健脑操、音乐、多感官教学、冥想、以自己的方式学习。

②团队组成以 4 人为宜，大班额可 6~8 人，组内分为两小组。

附件 2

友善用脑课堂教学观察表

课题		科目		年级	
授课教师		工作单位			
观察维度	观察指标				记录
学习目标	从学生学习角度确立，清晰明确，学生可理解				
	表述内容包括：学习方式+知识内容+学科素养				
	课堂展现形式可以为关键词或思维导图				
学习环境	教师提前进入教室，观察学生，调整学生情绪				
	学生团团坐，团队人数恰当（4 人为宜，大班额可 6~8 人，组内分为两小组）				
	物理环境创设利于学生学习，如摆放绿植、通风良好等				
	学习目标和课堂进程关键词展示在黑板的左上角				
	结合课堂教学实际，适时将学生作品展示在黑板或教室墙壁				
	友善用脑团队学习评价表（倾听、规则、合作）张贴在黑板上				
活动设计	符合学生认知特点和生活实际，情境创设真实合理，能将学生的前拥知识卷入学习过程，使其产生正向迁移				
	活动有趣，贴近学生生活体验，利于调动学生的学习兴趣				
	一节课以 2~3 个主活动为宜，活动有层次、有梯度，且适应不同学生的学习需求				
	与教学内容密切相关，有明确指向和清晰边界，注重学科素养的培养				
规则制定	明确清晰，既有评价内容，也有评价方式和标准，使每个学生活动时知晓并遵守				
	有课堂基本规范或行为要求内容，更多应当是对学科知识要点和学科素养的分解				
	能为学生习惯养成、知识学习、能力发展提供行为依据，搭建“脚手架”，画出“跑道”				
	科学严谨，操作性强，利于引导和调控学生状态及教学节奏				
课堂评价	依据活动规则，利用友善用脑“规则、倾听、合作”三维评价表，对团队进行评价				
	以学习目标为基本导向，实施多元主体评价				
	评价及时公正，关注学生课堂生成，通过评价发展元认知，提升学生学习能力				

续表

基本形式和课堂效果	教师利用 3~5 分钟讲目标、讲活动、讲规则	
	教师“三讲”之后，学生将自主探究，团队学习贯穿始终	
	教师适时适度点拨，语言表达准确、清晰、精炼、严谨，教态亲切自然	
	友善用脑课堂教学策略选择运用适时、适度，一般以 2~3 个为宜	
	将对学生的理解和对专业知识的把握融汇在课堂活动与规则之中，课堂呈现相互竞争又彼此合作的自主氛围，学生在观察体验、探究交流和汇报展示中自主完成学习任务	
观察人签字：		√总数

注：①“记录”一栏用“√”记录观察指标实现情况。

②友善用脑课堂教学策略：团队学习、思维导图、健脑操、音乐、多感官教学、冥想、以自己的方式记忆。

③友善用脑课堂教学活动须有具体名称、内容、方式、目标和评价标准的，团队自主探究的学习过程。

第二节 让学生在环境塑造下学习

一、从共同体角度理解人与环境

每个人都与周边的人、事、物、文化等形成了一个大的共同体，共同体中的各个因素相互影响并共同发展。学生在小组、班级、学校等不同范围的共同体环境中成长、发展，深受共同体环境的影响。

《墨子·所染》中说：“染于苍则苍，染于黄则黄。所入者变，其色亦变，五入必，而已则为五色矣。故染不可不慎也。”① 《荀子·劝学》中说：“蓬生麻中，不扶自直；白沙在涅，与之俱黑。”② 苏霍姆林斯基指出：“孩子在他周围、在学校走廊的墙壁上，在教室里、在活动室里经常看到的一切，对他精神面貌的形成有重大意义。这里的任何东西，都不应是随

① 夏海．国学溯源［M］．中华书局，2020：342.

② 夏海．国学溯源［M］．中华书局，2020：342.

便安排的，孩子周围的环境对他应有所诱导，有所启示。”[①] 可见，环境可以塑造人。

作为学校和教师，我们应该通过构建适宜的环境，为学生的学习发展提供更好的助力。学习科学认为，学习是人的身体、智力和情感以及外部环境等因素共同作用的过程。构建适宜的学习环境首要目标是促进学习。学习是一种认知活动。具身认知理论认为，人类的认知并不是中心化的、抽象的，而是分布式的、具体化的，它弥散于身体、心理与环境之中，身体、心理、环境均是认知活动不能缺少的要素，它们共同构成了一个认知生态系统，也就是说认知是嵌入在环境之中的。

基于学习科学和具身认知理论，我们应当对学习环境有更高的认识。学习是一种具身行为，而非单纯运算式的大脑活动过程，学习需要一种具有具身性质的学习环境，具身性质的学习环境必须能够有效支持身体、心理与环境之间的相互作用，促进学习者与学习环境之间双向建构、自我生成和自我循环的关系。脱离学习环境的学习者是无从学习的，至少学习环境包含了学习者学习过程中必不可少的工具支持、内容支持等；同样，缺少学习者的学习环境也是不完整的，甚至将失去其作为学习环境的本来意义。学习者与学习环境共同发展、互惠成长。忽视学习者的认知特点、学习需求的学习环境是不适宜的学习环境。同时，学习者也为学习环境的可持续发展和良性化建构注入了新的活力，并以生产者的身份为学习环境添加了更加丰富、多样的环境元素。

二、从设计学角度完善学习环境

爱因斯坦曾说过：“看到现代教育方法还没有完全扼杀健康的思想上的好奇心，真是一个奇迹。这株娇弱的植物除了需要鼓励，还特别需要自

① 魏智渊．苏霍姆林斯基教育学［M］．桂林：漓江出版社，2014：6.

由，没有了自由，它就会发黄、枯萎。”①

学习科学是一门设计科学，学习科学视角下的学习环境也需要有意设计。在设计和改善学习环境的过程中，需要深入了解学习与环境的关系，知道环境与学习之间发生着什么样的关系。学习环境的研究，需要在理解学习发生过程基本原则、原理的基础上，面向实践和创新的需要，尝试通过改进学习环境而促进学习。

所以，想要构建一个“嗨”起来的课堂，就必须让学生能够处在一个适宜协调的大环境中，才可能使其发挥最大的潜力，释放最大的能量。课堂教学中教师作为学习活动的设计者、组织实施者、进程评价者和学习的促进者，必须要重视并且努力营造利于学生学习的环境。创设和营造适宜环境的能力，应当成为教师专业能力的重要组成部分。

（一）给学生安全友善的心理和情绪体验

学习科学认为，压力是学习的最大敌人，压力下负面情绪会损坏注意、学习与记忆。虽然在特定环境下的轻微压力能够提高成绩，增强回忆，但是持续的压力会减少信息获取、保持和再识。既然压力对学习会造成影响，我们就要创造出积极的学习氛围，让积极情绪对学习产生有利的影响。减小学生压力，需要营造一种给人轻松愉悦的情感体验。

脑科学研究表明，当我们感受到危险和恐惧时，并不是只有我们的情绪和思维受到影响。一旦杏仁核感受到威胁，一连串的生理反应随之而来。杏仁核加工的信息触发下丘脑，可以激活应激激素的分泌，让身体做出战斗或者逃跑的反应，促进身体的改变，包括血压升高、心率增加、肌肉收缩。这种生物系统对危险的情绪性加工而激活身体的反应，是为适应短暂发生的应激性事件进化的。持续性应激激素的影响是有

---

① 安德烈·焦尔当．学习的本质［M］．杭零，裴新宁，译．上海：华东师范大学出版社，2015：1.

害的。

教师要时刻关注学生的心理和情感，及时调整学生的情绪，消除不利影响，使学生的心理和情感处在安全友善的氛围当中。当学生进入教室时，教师可以尽量在门口与学生打招呼，最好先叫出学生的名字，再进行愉快的对话。对学生提出要求时，多运用引导性的含蓄语言，减少直接强硬的命令式语言。多使用积极语言，随时看到学生的努力，鼓励和表扬学生的进步。当然，我们的鼓励和表扬要针对具体的行为而非泛泛的“你真棒”式的表面化表述。为营造一个让人放松的环境，恰当的时候可以尝试多使用幽默。

（二）让学生感受到尊重

师生同处在一个学习共同体内，需要彼此之间的相互尊重。尊重的前提是要常怀平等观念。

适当弱化教师的“权威”，多与学生开展基于人格平等的沟通交流，与学生之间的对话展现出足够的相互尊重，杜绝对学生使用侮辱性和攻击性语言。与年龄小的学生交流时可以适时蹲下说话。让每个孩子都能感受成年人对他们真正的爱与关心。当然，对学生的鼓励应多面向他们的努力，而不是鼓励他们的能力。多制造具有仪式感的活动，激发和调动学生的参与兴趣。此外，平等和尊重还建立在清晰明确且公平实施的规则之上。

总之，通过各种具体细微的行为和策略，构建和谐的师生关系，引导学生更好地参与课堂学习。建立良好的师生关系是促进学生有效参与的重要保证。教师热爱、尊重和信任学生，理解学生的内心世界，师生之间建立一种平等、民主、和谐的关系，能激发学生的自尊心和自信心。当教师主动接近学生，待以真情实意，师生之间的情感距离会逐渐缩小，学生对教师会产生亲近、感激与仰慕心理，而其内在发展潜力和主动参与意识将被诱发出来。

（三）给学生以向上的动力

有教育家做过这样的比喻：孩子的心是一块奇怪的土地，播上思想的种子，就会获得行为的收获；播上行为的种子，就会获得习惯的收获；播上习惯的种子，就会获得品德的收获；播上品德的种子，就能得到命运的收获①。由此体现了环境的教育作用。

传统的教学模式和方法是教师“一言堂”，习惯向学生灌输，学生始终处于消极、被动的学习地位，没有轻松、愉快可言，因而也就无兴趣可谈。

学习要获得思维的不断发展，思维从问题开始，问题的起点是“疑”。教师应当将教学过程设计成创设问题的情境，唤起学生自觉自主的学习活动，让所有学生能够享受到参与的乐趣和选择的权利。教师的教学要根据知识的内部联系和学生认知发展的规律，精心设计课堂，把课堂教学组织成学生观察、选择到探究并自主生成知识的过程。

教师应当创造弱权势的课堂文化，即师生相互平等尊重的课堂文化。很多学生害怕老师提问，不管是容易的，还是复杂的题目都不敢回答，主要原因在于没有建立一个开放、平等的课堂环境。教师需要以平等、开放、诚实的态度对待学生。教师还要尊重学生参与的机会，相信他们有能力探索知识。

面向学生提问，基于提问的过程不仅是诱导学生参与，还要尽量使学生给出他的理由。也就是当学生给出回答后，教师要继续追问他们以什么证据、理由或推论支持自己的答案。教师的深度追问能够帮助学生减少盲目简单回答问题的消极心态，激发学生的深入思考。在回答老师的问题时，有的学生会表现出模糊、冲突、迟缓的想法，或者陷入等待的时刻。此时，老师不能简单地判断学生发言不积极，而要意识到这种不确定性思

① 冯喜明．校长如何引领学校发展［J］．中国教育学刊，2012（S2）：110-111.

考的价值，更要舍得留出等待的时间。

（四）让学生感受到物理空间的舒适

学习环境的营造和构建应突出“以人为本”和“以学生为中心”的思想，使环境能让人的生理和心理均衡“舒适”，支持教与学的情境创设达到高沉浸感的“善学”氛围，调动多元化的评价或评估方式支持“能学”的进行。环境的营造还要提供丰富的认知工具，实现任务情境的真实性，并且与学习者控制、程序控制、教师控制相调节，个性化学习、自主学习与协作学习相结合。

外在环境是一种无声而有力的信息。营造一种能够吸引学生注意的新鲜、友善的物理环境，提供舒适和归属感，最终会影响学生在学习中的注意和参与。

1. 采取便于交流的座位码放方式

大多数学校采用“排排坐”的座椅码放方式，这种码放有利于班级秩序的管理，也便于组织学生静听教师的传授。这种座椅码放方式环境下，学生个体直接面对的是教师，往往会增加学习压力。特别是在学习遇到困难的时候会产生无助感，从而降低其学习信心和参与热情。友善用脑课堂上倡导团队学习贯穿始终，座位码放也主张是以团队为单位的“团团坐”形式。每个团队的成员围坐在一起会产生极大的集体吸引力，也便于团队成员之间的交流研讨。“团团坐”的最大好处是能够减轻学生学习时的心理压力。一个团队中的某个学生在回答问题或向老师提问时，更容易感受到同伴的支持、团队整体的力量，心理上会更加从容、淡定，讨论问题也容易放松、深入。

2. 营造健康的声音和光线环境

环境中的声音对于在教室中的学生可以起到安慰甚至创造轻松氛围的作用。播放背景音乐能使学生放松，经典音乐经常被用作背景音乐，但其他类型的音乐也可以达到同样目的，不同的活动可以选择不同类型的音乐。但首选还是节律与心脏跳动基本一致的乐曲，比如，莫扎特的音乐、中国古典音乐等。课堂上的音乐应是纯音乐，播放自然声音的录音，如海浪、瀑布、鸟鸣等声音，增添自然的乐趣。从保护学生用嗓和用耳健康的角度，要注意控制教室内的声音分贝。很多时候教师强调学生要声音洪亮，这种缺乏具体标准的“无限要求”会导致学生，尤其是小学生声嘶力竭地大喊。这种情况不妨明确出具有上下限的要求。比如，声音大到说话时让班级每个人都能听到（大班额教室，还需要同时强调其他人的安静倾听），声音小到小组讨论不影响其他组。这样一来，声音环境更加健康，还可以培养锻炼孩子们的良好社会交往素质。

所有的学习场所都应具备良好的光线条件，健康的自然光是最佳选择，灯具光线要做到明亮轻柔无刺激。

3. 让教室充满生命的活力

各类绿植，有游弋小鱼的鱼缸等充满生命活力的生物均可以出现在教室内，用生命影响生命，用生命点燃热情。少年儿童对生命充满天然的亲近感，没有安全隐患的生物因素还有利于激发学生的爱心，缓和他们的情绪，对于心情不好的学生，也会起到一定稳定情绪的作用，甚至会成为他们倾诉和情感交流的对象。

4. 注意物理环境的有序性

学习的环境应当保持整洁有序，培养学生良好生活习惯的同时，也有利于培养他们的规则意识。

硬环境与软环境的人文性，会发挥潜移默化的作用，舒缓学生的压力，减缓学生的焦虑，增加学生表现与交流的勇气。为“嗨”课堂保驾护航。

第三节　让学生在团队互促中学习

一、社会化的学习活动需要合作

人的社会化活动的特点之一就是合作，学校生活本身也是青少年社会化成长的一种方式。学习是一项认知活动，也是一项社会性活动。学习的社会性重要的一点就在于，人需要在合作、对话、互动中学习。学习不是接收信息的头脑内的活动，而是合作进行探索的头脑间的活动。合作进行探索的人包括教师、专家和其他在所探索领域较有经验的人、同伴等。这些他者可以充当从动机激发者、资源中介者到协商建构者的多重角色。

学习科学认为，学习是学习者和学习环境构建的共同体。“这些共同体可以建立一种质疑而不是寻求答案的舒适感，而且他们能够发展起一个依赖个体成员贡献创建新观念的模型。他们能够产生一种学习的兴奋感，然后把这种兴奋感迁移到课堂，在他们把新观念应用于理论和实践时赋予新观念的主人翁感。”①

在以学习科学为基点的课堂上，学生是学习的主人，而学习过程的完成是以团队为基础的，与学习环境共融共生。学习过程处于复杂的社会关系之中，学习的知识是社会建构的结果，具有社会文化属性的语言。学习的过程是参与学习活动的各方合作和互动的过程。这种合作和互动首先基于对于每个人的经验、知识、观点的尊重，进而又为他们的社会文化环境所形塑，对这些因素的关注意味着尽力为每个参与者提供机会呈现他们建

① （美）约翰·布兰思福特．人是如何学习的［M］．程可拉，孙亚玲，王旭卿，译．上海：华东师范大学出版社，2002.

构知识的意义。基于个体意义充分呈现的合作和互动，通过提供支持和引发冲突，促进了意义协商和知识建构。社会化的学习提供了单独学习所没有的动力和信息。

二、共同体视角下的合作

（一）团队是实践共同体

有效合作的载体是团队。团队不只是个体的组合，而是个体的集合，需要有共同的文化认同，认同个人与团队融为一体荣辱与共的现状。

人类学、教育学和社会学中，把共同体看作一个持久的由个体组成的社会网络。这一网络中的个体分享和发展着共同的基础、信念集合、价值观和聚焦于共同实践、共同事业的经验。共同体中每个个体都明确知道成员之间的联结关系。社会临场感理论认为，成员之间的联结是学习共同体形成和发展的基石。这种联结并不是自然而然地发生的，而是在共同体成员一起合作，并通过各种途径相互支持的过程中逐渐产生的。

在共同体中，促进积极的社会互赖对个体乃至整个共同体都非常重要。共同体成员之间的互赖关系又需要建立在真实的互赖基础上的协作，即大家要有共同的目标感知、任务分工和联合行动。这种互赖关系在具有合作团队的学习情境中表现尤为突出。从情境学习的角度看，知识及其认知过程是一个不可分割的整体。学生在行动中，通过发现问题、提出问题和解决问题建构知识。

以共同体形式存在的合作团队能够产生作用、取得成果，需具备几个特点：一是成员在具有共同的可检测目标下开展具体工作；二是由于不同个体的参与，形成了有差异的参与结构；三是大家可以分担责任；四是在引发冲突的同时，还可以促进知识的共享；五是促进学习任务的精细化完成；六是可以更好地保护和支撑自己的观点。

（二）团队学习的优势

1. 实现结构性互补

团队成员在思维类型、认知倾向方面存在的差异，有助于学习过程中的思维碰撞、思路拓展和观点交锋，实现不同个体之间的相互补充。团队学习有利于集思广益，寻求反馈或者集体讨论，如果遇到问题，几个人从不同角度分析和解决问题，可以使问题变得容易。同时因为团队是一个整体，每个人既是团队的建设者、智慧投入者，也是团队成果的享用者，使得团队学习结果的完整性高于个体学习。

2. 推动认知深化

课堂讨论是学生合作学习的一种主要的外在表现形式，是实现学习目标的重要途径。课堂讨论的有效实施是学生不断深化认识的过程。相比个人学习活动，团队学习提升了思维的广度、速速和宽度，使得个人在有限的时间内获得更多信息，增加更多思路，具有更多判断。

3. 促进元认知发展

团队学习过程中，会出现个体差异带来的过程差异。这是个体在相互借鉴过程中以优补缺、扬长避短的好时机。在不断交流研讨中，团队成员的思维过程会更多地呈现在集体面前，个体也会在这一过程中重新完善和修正自己的想法和策略。交流中团队成员还会发现自己的不足和优势，进而产生了反思和完善自我的机会。经过大家共同努力取得学习成功的经历，让团队成员产生寻求更好解决问题的方案，久而久之成员的元认知能力会得到提升和发展。

三、团队学习的组织实施

团队是一个学习的单位，是互补的集合，是探究的整体。教师在教学中，要发挥好团队的作用，让学生真正成为课堂的主人，把学习的舞台还给学生，使学生成为学习中的主角，成为教学过程的中心。学生在团队中也能养成乐群互助的思想品格。友善用脑的课堂上教师应该明确自己的职责：创设学习场景，诱发学生思考，引导学习结论，而不应越俎代庖，自己独占讲台，把现成的内容和结论灌输给学生，让学生成为被动的受众。

（一）团队的组建

1. 科学分组

友善用脑课堂学习中对团队组建遵循“同质异构”原则，“同质”是指团队成员的学习水平相当，“异构”是指成员之间要在认知倾向、思维类型方面实现互补。同质可以保证团队交流基础的平等，起点的相对一致，避免成绩优异学生“一人代言”的垄断，也可以减少基础薄弱学生因落后自卑而不愿参与讨论的割裂。当然，在基本原则下，教师还可以兼顾学生性别、性格等实际因素，增强团队的凝聚力、活跃度和战斗力。同时在课堂中教师要根据教学要求有所倾斜侧重。

2. 人数适当

团队最佳成员为3~4人，一旦超过这个人数会出现游离在外的成员，达不到共同交流探讨的效果；但这样的团队规模会带来班内团队数量过多，教室空间不足的问题，因此可以将6~8人分为一个团队，再将6~8人的大团队分成3~4人的两个小组，讨论时先小组讨论，再团队交流，形成统一意见。

3. 座位形式

团队学习过程中团队最佳座位形式为团团围坐，形成空间上的“讨论圈”。围坐在空间上便于团队的讨论，也可以降低成员的心理压力，保证团队成员以更加放松的情绪参与团队学习。当然，如果实在难以实现围坐，也可以变通为前后桌进行合作讨论。

（二）团队的分工

1. 设置角色

为团队中每位成员分配相应角色，通过明确的分工让成员在活动中有具体任务。角色分工要避免过度强化团队管理和运行，应注重促进学习活动开展（见表3-4）。

表3-4 团队成员角色分工

角色	负责内容
主持者	分配成员任务，协调合作过程，组织话题讨论
协调者	引导讨论方向，及时纠正偏差，保障讨论成效
汇总者	搜集整理资料，记录过程结果，把控时间进度
形象表达者	整理不同意见，汇总讨论结果，形成小组结论
汇报者	汇报团队成果，发出团队声音，进行跨组交流

表3-4的角色划分是一般标准，未必符合所有的活动需要。但需要注意的是，无论如何调整都要突出角色的学术功能，弱化管理功能。也就是是主要服务于学习活动的开展和学习任务的完成，而不是团队的管理。曾看到学校有这样的情景：小组成员分工牌上写的分工内容为“管好自己”“管好×××（学生姓名）”。这显然是不正确的做法，一方面这样的分工对团队合作完成学习任务没有直接关系，同时容易造成对学生心理的伤害。

从培养学生综合素质角度出发，团队角色不宜长期固定人员，需适时轮换。同时，人数与角色数不对应时，可灵活处理。

2. 聚焦任务

团队的共同任务是应对学习任务，参与学习活动，这是学习团队的基本特征。在学习活动开展过程中，要引导团队成员将注意力投入到学习任务，聚焦在角色职责的落实，而不是围坐在一起闲聊，甚至无所事事。

3. 增强互促

团队成员之间是合作关系，合作的过程是互相分享和碰撞激发的过程。成员之间学习水平相当，但个人经验、思维方式、认知特征、爱好兴趣等方面依然存在较大的差异，面对团队任务时各自想法的交流沟通是形成团队成果、完善个人思维、丰富个人经验的极好机会。所以，在团队合作过程中，教师要注意促进团队成员之间真实有效的沟通，防止个人意见代替团队成果的个人英雄主义。同时，要注意鼓励团队之间的互助。鼓励基础较强团队在完成自己的任务后，以“技术支持”的身份到中等团队，特别是薄弱团队充当小老师，帮助对方学习。中等和薄弱团队也可以从较强团队中选择“编外队员”协助。

（三）团队的评价

以学生为中心，以团队学习为基本形式的课堂，更多的时间学生在进行自主学习，其效果只能依靠有力的评价来保障。

1. 以评价打造团队

评价是锤炼打造团队的重要方式。从个体接受教师的讲授到自主完成学习任务，是一个师生逐步适应的过程。这一过程中会出现不适应、不习惯、不理想的情况和问题，但面向学习团队的打造和更为深入的学习成效，我们要通过评价打造和熔炼团队。打造团队的过程中要特别注意把个人努力与团队成果融合在一起。团队学习并不摒弃个人独立思考和自主学习，而重在强调不同思维之间的相互碰撞，促进形成高阶思维。为了促进个人学习进程与团队成果相一致，教师可以对团队汇报代表进行有意安排，选择基础较为薄弱的学生作为团队代表进行汇报。理想的团队学习讨论结果，应该是大家共知共会的，每个人都可以作为团队代表进行成果汇报。

2. 以评价激励学生

按照“同质异构”原则组建的团队，势必将班级学生分为强、中、弱等不同层次的群体。我们要促进每个层次的学生都能获得相应的成长，比如对于简单问题可以选择薄弱团队首先汇报，既给予他们展示汇报的机会，又强化他们基础知识的落实积累，还能逐步增强薄弱学生的自信。

3. 以评价调整过程

课堂学习过程中，个体和团队的投入和呈现状态是不尽相同的，评价也是调整学生学习状态的主要手段。比如，部分学生在遵守课堂秩序方面不是很好，教师可以通过表扬表现较好的团队影响和带动他们。激励学生也是打造团队的一个过程。

4. 以评价落实成效

团队展示和师生共同评价的过程是学生共同落实学习成果，获取知识、提升能力的过程。学生团队依据学习活动规则进行成果汇报，师生依据规则开展面向全体学生的反馈评价，在汇报、倾听、质疑补充、交流研讨的综合过程中，一节课的内容得以落实。学生掌握不牢、出现偏差、产生错误的地方也会在评价过程中得以完善。所以，评价过程也是落实课堂成效的保障措施。

第四节　让学生在目标指引下学习

一、课程教学改革下的目标取向

课堂教学作为实施教育课程的一项有组织、有计划的教育活动，需要承载并体现党和政府的教育方针与教育思想，面向教育实现立德树人的根本任务。2017 年版普通高中课程标准凝练了学科核心素养，明确了学生在学习该学科课程后应该达成的正确价值观、必备品格和关键能力，对知识与技能、过程与方法、情感态度价值观三维目标进行了整合。2020 年 9 月，教育部党组成员、副部长郑富芝就义务教育课程标准修订背景、方向、内容的解读接受《人民教育》总编辑余慧娟专访时表示①，这次课标修订，创新意识要更浓，要把创新意识的培养体现到各个方面：一是注重培养创新人格。育人目标上，要从小注重培养学生的开放、灵活、自信、专注、合作等良好品质和独立思考能力。二是引导变革教学方式。倡导启发式、探究式、开放式教学，保护学生的好奇心，激发他们的求知欲和想象力。三是用评价引导创新。课标要加强对考试评价的指导，摒弃简单、一刀切的做法，用多把尺子衡量学生，鼓励学生个性化发展。这次课标修订要在实践育人上多下功夫，让实践要求更实。一是明确实践育人具体要求。各学科要进一步明确实践的主题、内容、时间、评价等方面要求，形成刚性约束。二是加强对实践教学指导。指导教师要将学与做结合起来，克服只学不做的现象，培养学生运用知识分析和解决实际问题的能力，让学生在项目实践、动手操作、经历体验中加深对知识的理解，特别是要在劳动实践中增进与劳动人民的感情。

教育部教材局一级巡视员申继亮在第三届全国思维型教学大会上指出，我国基础教育改革的重点正转移到教学改革上。并建议，深化教学改革要提高站位，超越学科、超越教材、超越课堂；要找准定位，对照教材、对照学情、对照经验；要落实到位，转化课本和现实、转化具体和抽象、转化问题和答案②。

课程标准的修订体现了国家对课程教学价值和目标的改进和调整。课程标准是课堂教学的方向指南和基本遵循，同时，也是评价学生学习的重要标准。教师教学过程中一定要具有强烈的“课标”意识。

① 余慧娟．突出重点 打造新时代新课标——访教育部党组成员、副部长郑富芝［J］．人民教育，2020（18）：6-8.

② 申继亮．“三句话”解读，教学改革如何在“深化”上做文章［C］//教育部基础教育综合改革暨教学工作会议（山西长治），2020.

二、学习目标的教学价值

教学活动所承载的价值要求必须具有明确的目标。2017 年版普通高中课程标准中已经将教学目标改为学习目标，教育行政部门和学校要求教师在进行教学时要按照学习目标进行设计。

《现代汉语词典》对“目标”一词的解释有两个：一是射击、攻击或寻求的对象；二是想要达到的境地或标准①。对于教学而言，第二个义项更加符合。

友善用脑课堂倡导的是学习目标，要求教师一上课就要向学生出示目标，让学生明确知晓本节课的学习目标。什么是学习目标？学习目标是学生能够在一定情境中通过观察、体验、感悟生成的，与教学目标相吻合的学科知识与能力。每节课的学习目标，是根据课标和大单元（大概念、任务群）设计的，落实到这节课的具体知识点，并通过这些知识点提升学生相应的能力和素养。学习目标是教师根据课标和学生学科知识、技能基础，实际生活经验等，结合教材的知识内容对学科核心素养的分解和阐述。学习目标是课堂活动设计和实施的灵魂，也是课堂活动规则制定和课堂评价的重要依据。

学习目标与教学目标相比，在具体的客观知识，特别是核心知识落实方面具有一致性，但两者又有很大的区别。教学目标是教师依据课程标准要求开展的以教为主的课堂活动需要达到的标准，很大程度上会忽略学生的学习，只是把客观三维目标作为落实对象，以知识框架的衔接为每节课的推进依据。学习目标是学生需要理解并落实的，更多的是依据学生的实际基础而设定的知识学习标准，是从学生角度出发，基于学生的实际学习基础、兴趣爱好和生活实际，从学的过程去提炼，让学生能够清楚地知晓

① 中国社会科学院语言研究所词典编辑室．现代汉语词典［M］．北京：商务印书馆，2005.

本节课上自己需要做的事情和达到的标准。教学目标与学习目标的关系如图 3-1 所示。

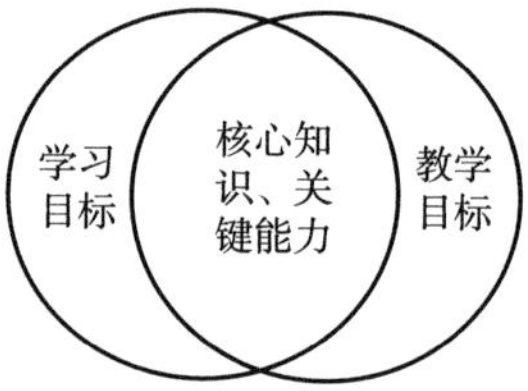

图 3-1 教学目标与学习目标的关系

友善用脑的课堂是学生为主体的课堂，学生是课堂的主人。既然学生是主人，就有理由知道每节课要做什么、怎么做和做到什么程度。明确学习目标是学生的权利，宣示学习目标也是教师开展课堂教学必须完成的义务。

三、学习目标的确立与表述

（一）学习目标的确立

1. 厘清课程标准—教材—课堂教学的关系

认真研读学科课程标准和教材，充分理解课程标准的要求与实践指向，充分理解教材编写意图，明确课程标准要求及教材对课程标准的落实。找到教学内容中知识与能力的学科逻辑关系，根据逻辑关系确定本节课如何利用教材落实课程标准要求，落实到什么程度。

老师上课内容的直接依据是教材，但我们知道，具体教材只是编写者依据课程标准整合编排内容，是落实课程标准的具体路径。用教材教学不等于教教材，不能把学会教材当成课堂教学的目标。

2. 了解学生的背景和基础

学生学习某一知识不是绝对地从无到有的过程，也不是简单的知识

"机器"，不同个体之间存在较大差异，尤其在信息化时代背景下，学生的知识盲区变得越来越小，在知识接纳方面与教师的差距也在不断缩小。所以，教师在上课前必须要了解学生在即将学习的知识方面具有什么样的基础，这一知识与他们的生活经验存在怎样的联系，把教学内容与学生的实际生活紧密结合，从学生的真实起点出发，创设学生能够生成相应知识的环境和氛围，让学生在情境中观察体验，感悟生成新知识。

3. 适应学生的认知特点和兴趣点

分析学生的身心发展和认知特点，并结合课堂学习的重点、难点，设计学生的学习路径，使目标更加适应学生的真实情况，实现从学生出发的"以学定教"。

（二）确立学习目标的注意事项

学习目标是基于学生的目标。所以，学习目标要站在学生学习的角度确立，做到具体、明确、清楚，使学生可以理解。具体就是要聚焦在一节课的内容落实上，避免宽泛的大目标；明确就是可感知、可测量，不抽象；清晰就是表述准确干脆，不会让学生产生歧义；使学生可理解，就是能让学生以"我"的口吻理解。

学习目标要相对综合，可分解为更加具体的知识点或层次，与课堂上不同的活动实现基本对应，为学习活动的层次提供基本遵循。

（三）学习目标的表述

学习目标的表述内容应包含学习方式、知识内容和学科素养等。完整表述形式一般为：通过×××活动或游戏（学习过程和学习形式），完成×××任务（具体的知识内容），形成×××能力（或素养）。课堂展现形式可以为关键词或思维导图。

四、教学中的学习目标示例

为了使读者更好理解学习目标，并能够科学确立学习目标，下面提供部分友善用脑课堂教学案例中的目标内容，供参考。

（一）一年级数学课"认识人民币"

授课教师研读了2011年版义务教育数学课程标准，人民币属于第一学段数与代数中常见的量，课标要求学生在现实情境中，认识元、角、分，并了解它们之间的关系。能结合生活实际，解决与常见的量有关的简单问题。教师继续分析本课内容：认识人民币是学生在小学阶段，初次也是唯一一次完整进行货币这个常见量的学习。认识人民币的目的有三，一是初步理解人民币的基础知识，并懂得如何使用人民币；二是加深对100以内数的概念的理解，体会数与现实生活的密切联系；三是为后面的学习做好铺垫，尤其是为小数的学习。

教师继续分析学生的学情，本单元的学习是在学生已有生活经验和掌握100以内数的知识基础上进行的。对于人民币的认识，学生虽然不是零起点，但随着科技的发展，人们更多的已经从现金支付转换为移动支付，学生见到、摸到人民币的机会并不多。为了更好地了解学生对人民币的认知基础，准确把握教学起点，教师通过谈话和问卷两种方式进行了前测。访谈方式为：出示人民币图片，问学生是否认识这些人民币，并说出是怎么认识的。7名被访谈学生中，2人认识部分人民币（1元和5角），其余5人全部认识。通过人民币上的数和字辨识人民币面值的学生占多数，有2人想到还可以从大小、颜色进行区分认识，没有学生想到用图案辨识人民币。问卷调查内容为：1元=（ ）角 1角=（ ）分。在被调研的35名学生中，有86%的学生知道元、角的关系，有15人不认识分，不清楚角和分的关系。

通过前测教师得出基础结论：①学生对人民币面值的了解不够全面，只认识常见面值，对分的认识相对陌生；②了解元和角的关系，对于角和分的关系不是很清楚；③缺少使用人民币购物的直接生活经验。

在此基础上，教师将本课学习目标确立为：通过"买礼物"活动，多角度认识小面额人民币，了解元、角、分之间的关系，学会使用人民币买东西。

本节课授课教师通过对学生的已有基础以访谈+问卷的方式进行前测，并在前测基础上设计出“买礼物”活动，让一年级小学生体验人民币的实际使用价值，在大小关系比较中传递进率知识，是符合一年级学生生活实际的。这种通过实际活动的学习会给学生留下更加深刻的印象，利于更有效地达成学习任务。

（二）三年级语文课“翠鸟”

教师以课程标准第二学段的阅读目标为指引，根据对课文的分析，认为在学习本文时应以了解翠鸟外形及动作的特点，学习写作方法，明白道理为目标。

教师需思考三年级学生有什么特点？如何达成这样的目标？授课教师分析学生的“认知倾向”后发现：动觉型学生占 42%，听觉型学生占 14%，视觉型学生占 28%，均衡型学生占 16%，由此得出，口传声授的教学法不会有太好的效果，必须能够调动所有类型的学生，尤其是让动觉型的学生参与其中。教师经过思考，准备让学生通过表演、评论、配插画、写寄语等方式，了解翠鸟的外形、动作等特点，学习写作方法（观察顺序、比喻、动作描写等），明白保护鸟类、保护动物、保护大自然的道理。

最终，将目标确立为：通过演、评、画、读了解翠鸟的特点，学习文章写法，明白爱护动物的道理。课堂上呈现给学生的目标简化为图 3-2 所示的形式。

了解课文特点，学习写作手法，明白背后道理，是教师的教学目标，通过演、评、画等具体行为，会激发学生的好奇：语文课上演什么，评什么，画什么？学生带着好奇与期待进入课堂学习中，他们的参与感和投入状态已经变得不一样了。

在传统的 5 步教学法模式中，教师设计导入环节，意欲将学生的兴趣

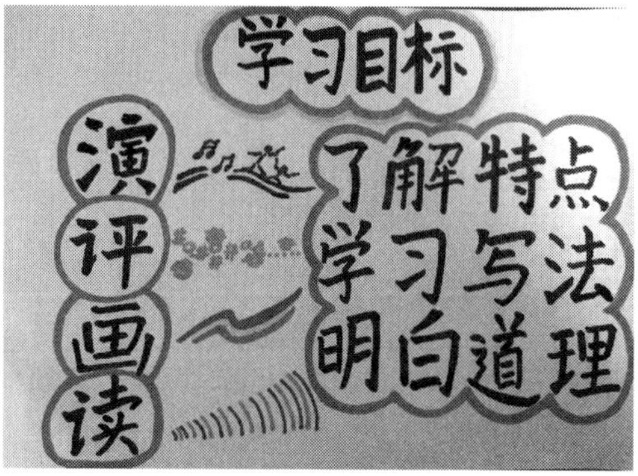

图 3-2　语文课的学习目标

激发出来，创造出一节课活跃的起始氛围。但很多时候，教师的导入与后续课堂内容会产生脱节，或者只有很小的相关性，不能起到持续带入学生状态的作用。友善用脑课堂上，将传统的导入内容融汇在更大的情境当中，而在目标阐述时将学生感兴趣的学习活动或者游戏展示出来，会让学生更好地投入整节课的学习当中。

在本节课的目标中，演，是让 4 个孩子戴上绿色的纱巾，穿上绿色的衣服和红色的马甲，戴上红色的小手套，把翠鸟的形象演出来。评，是学生根据课文中对翠鸟的描写，评论“翠鸟们”表演得怎么样。这个处理无疑使学生对于翠鸟形象的描述印象更加深刻。画，是让学生画出课文中翠鸟抓虫子的动作，重点掌握其中的动词。把场景画出来，是一个输出过程，但这个输出必须先有输入，也就是学生对动词有深刻的理解和把握。这种学习形式带给学生的收获一定更加深刻和丰富。

（三）三年级英语课“Happy Father's Day”

本课学习目标为：通过父亲节知多少、角色小明星、爸爸我想对您说三个活动，学会对话，表达对爸爸的爱。

英语是一门语言，语言的学习和强化需要真实的场。根据进度安排，本节课在父亲节到来之前。教师把静态的知识在课堂上通过三个活动生动呈现出来，让学生在知道父亲节基本知识的前提下，进行角色扮演演绎对话，更加真实地体会到向父亲表达爱意的心情，进而渗透对学生的情感和价值观教育。

（四）五年级数学课“体积的认识”

这是一节概念课。

将班级学生分为5组。第一组学生将两块同样体积的橡皮泥捏成不同形状，分别放入装了同样水的烧杯中，观看水的变化，了解体积与物体形状没有关系的知识；第二组分别将一个乒乓球和砝码放入装满小米的烧杯中，两个物体轻重大小不一样，通过小米溢出情况观察体积与质量的关系；第三组分别将一个瘪的和一个充满气的篮球放入两个同样大的塑料袋里，理解空气是占体积的；第四组分别将吹起来的和没吹的气球，放入两个同样的塑料袋里，进一步强化了空气是占体积的；最后一组分别将16个白色的小方块和8个绿色方块码成长方体。这一过程中，学生已经得出了体积的计算公式。一系列活动下来，学生对体积的性质、概念和计算公式已经很好地掌握了。

本来是比较难上的概念课，但通过创设场景和小组的不断观察、探究和理解体积的知识。最后通过小组汇报展示学习结果。

这节课的学习目标是：借助已有生活经验，通过实验感受物体体积的大小，了解体积的意义，初步理解体积的概念，比较不同物体的体积（见图3-3）。

（五）五年级科学课“声音的高低和强弱”

课程标准要求“知道声音有高低和强弱之分；制作能产生不同高低、强弱声音的简易装置”。教师分析，在本节课之前，学生已经了解到物体的振动产生声音，引起物体振动的方法有很多种。本节课还需要学生有基础的乐理知识，但是由于时间有限，在第二个“自制乐器”活动中，学生可能在“找音”的时候不能完全找准，需要课后自己再慢慢实践。面对声

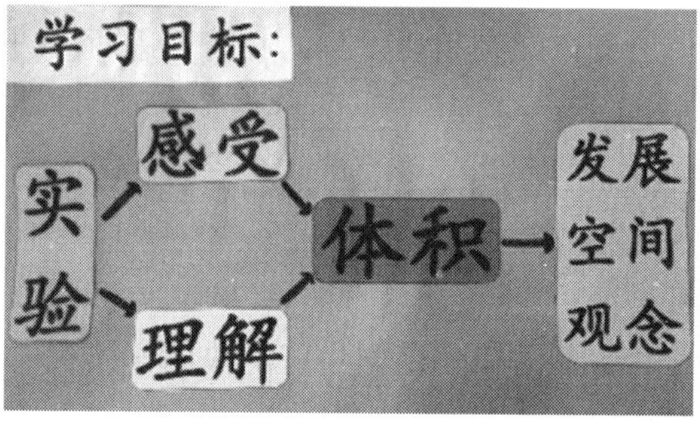

图 3-3　体积认识的学习目标

音高低、强弱的抽象概念，教师将学习目标确立为：通过"模拟吉他"游戏探究影响声音高低的因素，并"自创乐器"演奏《小星星》。

（六）初三化学"水的净化"

如下内容是教师原始设计，基本沿用了传统教学中知识与技能、过程与方法、情感态度价值观的三维目标表述方式。这种表述从教学目标的角度看是全面的，但从学习目标，尤其是展示给学生的角度存在一些不足，一是内容过多、过长，学生通读一遍都要花费不少时间；二是很多从教师教的角度进行的教学目标阐释，与学生的关系不直接。

（1）通过自来水厂生产流程，理解吸附、沉淀、过滤和蒸馏等净水的方法；初步学会用过滤、吸附、蒸馏的方法对混合物进行分离。

（2）通过设计、分析实验，培养学生归纳整理能力以及表达能力；通过实验探究和讨论，培养学生观察描述能力、交流合作能力，分析问题和解决问题的能力；通过对水净化过程的初步探究，体验探究的一般过程，形成良好的学习习惯和学习方法。

（3）通过对水的净化过程的参与，感受爱护水资源的重要性；通过对学生亲自动手进行水的净化实验的探究，感受化学对生活和社会的重要意义，激发学生学习化学的兴趣。

经过交流，本课目标调整为：通过"探秘自来水厂"和"为你'排毒’”活动，在实验中了解污水净化方法，学会用污水净化方法进行混合物分离。

这一调整使得目标简练具体，又能吸引学生的注意力。

（七）高三数学“求曲边梯形的面积”

本课属于高中阶段较难把握的知识，只靠一般讲解学生很难理解。授课教师在密云借班上课时，利用学生身边素材巧妙切入，既调动了学生的兴趣，又将学科知识很好地融入具体问题当中。

本课学习目标为：通过对密云水库部分水域面积的估计，了解求曲边梯形面积的方法，体会极限思想。

本目标看似简单，但因为将学习过程具体为对密云水库水域面积的估计，瞬间变得贴近了生活，能够很好地吸引学生的注意力和参与热情。

第五节　让学生在活动探究中学习

一、学习科学视角下的课堂教学

学习科学研究关注学习者通过参与探究性、实践性的活动获得知识和发展。基于这样的认识，我们的教学就要注重让学生积极参与，从而主动建构知识。

知识不会凭空出现，是被抽象化的生活经验或者具体事物。专业人员从熟悉的具体事物、具体经验中抽离出一般化、原则化的内容，以精要的形式表达其内涵、概念、特质、属性或意义等。但是，我们的大脑并不喜欢处理抽象的事物，处理抽象概念时总会寻找它的具体表现形式。所以，我们学习知识时也总与现实问题联系在一起，将其放至个人经验中理解，知识与个人经验相关度越高，越有利于对知识的理解。

对抽象知识的理解，对系统知识的掌握，教师处于优势地位。但是，学习科学认为，学习是学生的事情，学习必须真实发生在学生身上，教师在学生学习过程中处于支持地位。学习科学强调以知识为载体的能力中心，让学习者在知识学习过程中发展能力。学生的学习，不能只是被动获知一项关于世界的认识结果或者关于某一问题的解决方法，而是在问题和任务的引导下，借用多种资源，在各种支持条件工具的帮助下建构知识、探寻方法和发展能力。

对教师而言，如何看待学习，直接影响到如何开展教学工作。如果将学习简单看作学生接受知识的过程，那教学活动就成为“传授—接收”的简单循环，教师的任务也就成为传授知识，对知识的结构、难易程度、内在关联等进行分析，确定呈现知识的适当顺序和方法。如果将学习看作是学习者通过探究、实践活动建构知识的过程，教学活动就是组织学生进行探究、实践，教师的任务也就变成了设计和组织实施学习活动了。学习科学视角下的教与学，属于后一种情况。所以，基于学习科学的课堂教学，教师面对的核心问题是让学生建构知识、发展思维、提升能力，课堂上要做的首先是从教育目的、教学目标和学生实际出发，设计出与学习目标相一致的，学生能够积极参与其中并通过合作探究而建构知识的学习活动。

在学习科学视角下，教学是设计一个学习活动，让学生有效参与其中，以建构知识、发展思维、提升能力。友善用脑课堂就是期望能够更好地践行学习科学的理念和成果，打造充满探究与实践的课堂。

二、改革背景下探索、实践的价值意义

随着教育改革从知识立意向素养立意的转变，中小学课堂教学改革，综合化、情境化和开放性发展趋向明显。这种改革彰显出课堂教学中探索、实践的价值意义。

（一）综合化是培养整体认知和综合解决问题的能力

综合化的测验、考试，必然要求综合化的课程及教学方式与之对应。

这不只是应付考试的功利化之举，而是发展学生核心素养、提高学生思维能力的必然要求。

与综合化相对立的是知识的碎片化和各科课程之间的割裂。著名的哲学家、数学家怀特海对此给予了猛烈的批评。他认为：“世上最无用、最可憎的莫过于那些有脚书橱式的人。我们所致力于培养的人，应该既有文化修养，又有特定的专业知识。”而“一个人的文化修养体现为活跃的思维，以及对美和高尚情操的感受力，这与掌握零碎的知识毫不相干”。怀特海在演讲稿《教育的目的》中指出：“如何让知识保持活力，从而避免僵化，是一切教育的核心问题。”“如果教师零敲碎打地教授很多科目，学生就只能被动地接受那些不连贯的知识，却不能受到任何富有活力的思想的启发。”① 怀特海告诉我们，综合化的学习有利于提高一个人的文化修养，还能激发学生思想的活力，促进学生的自我发展。这与我们今天倡导的综合育人教育理念是一致的。

当前课改的热点探索，背后都能看到综合化的思想，比如，以“大概念”为核心的教学改革。对于什么是“大概念”有多种不同的阐释，但是大家基本上形成了一个共识——大概念是抽象出来的概念，是能够将各种概念和理解联系成为一个连贯整体的概念，是超越个别知识和技能，能够在更大范围内迁移应用的概念。

推进课程整合的内在逻辑和依据是能把相关知识串联起来的、处于更高层次、居于中心地位的大概念。综合性是大概念和课程整合的内在灵魂。在综合性的学习中，学生打通了知识的内在关联，形成了整体认知。

（二）情境化是在体验知识生成与应用过程中增进理解能力

2020 年发布的《中国高考评价体系》明确提出，高考命题以“情境”作为考查的载体。这里所说的情境包括生活实践情境和学习探索（任务）

---

① 怀特海．教育的目的［M］．2 版．北京：三联书店，2014.

情境。而情境依据其作用，又可以分为背景型、启发型、解释型、探究型等不同情境。在2020年高考各科试题中，均有题目与“新型冠状病毒性肺炎疫情”有关，其中少数属于深度融合的探究型情境，大多数属于背景型情境。

我们为何要在学生的学习中嵌入情境，为何要推行情境化教学？原因是人类一切知识都起源于劳动实践活动。我们现在所学的书本知识，归根结底是人类经过长时间的观察、思考和体验，从自然现象和生产生活实践中总结、概括，抽象出意义，进而升华或符号化的结果。情境化的设计，实际上就是把已经抽象出来并符号化的知识，再以某种隐含的方式拆解、渗入具体的情境中，而学生分析和理解情境、透过情境看到学科知识本质的过程，就是体会知识生成的过程。如果说知识的起源是由具象到抽象的过程，那么情境化的学习，则是让学生又从具象（给定的生活情境和探索情境）回到抽象（学科专业知识），从中找到给定的条件、隐含的意义，理解概念，明白这个问题在数学（或物理、化学等）上的实质是什么。建立起从具体情境到抽象化、概念化的学科知识间的联系是关键，也是一个“关节”，只有打通这个“关节”，才能让学生在“抽象—具体—抽象”的过程中，经历“归纳—演绎—归纳”的思维训练，达到对知识的深度理解与灵活应用。

情境化的教学还有另一个重要作用，即有利于增进学生的前理解。前理解是解释学的一个重要术语，是指在理解活动发生之前主体就已经具有的对理解有着导向和制约作用的语言、历史、文化、经验、情感、思维方式、价值观念，以及对于对象的预期等因素的综合。对于中小学生而言，他们的生活体验、生活经历、社会阅历、曾学习过的知识，都是构成前理解的基础，也是学生理解生活情境和探索情境的基础。

由此可见，要让学生更好地学习和理解新知，就要尽量丰富他们的前理解，让其前理解产生更大的正向促进作用。而要做到这一点，就要尽量采用实践性、情境化的教学方式。填鸭式教学之所以无趣且无用，就是因为它与学生的前理解无关。教师要想方设法让学生的前理解有效参与到学习中来。学生的前理解并非固定不变的，当学生的前理解参与到一个理解活动中并顺利完成理解时，学生的前理解就被一个新的更高的理解取代。在下一个理解活动开始时，这个新的理解便又成为前理解并参与到理解活动中。从这个角度看，情境化的价值超越了单纯的课堂教学层面，对于学生的思维发展、个性品格发展有着更深远的意义。我们的教育和课程体系，在教给学生抽象的、符号化的知识之外，更应该让学生在社会生活情境、学科认知情境和个人体验情境中，在自然和社会这个大课堂中丰富自己的大脑。我们生活的这个时代、这个世界，就是学习的最大情境。

（三）开放性是让知识与生活碰撞生成智慧

开放性的教学，应给学生更多的独立思考空间。当前许多教师的课堂教学，还是重预设轻生成，引导和启发也是沿着预定轨道走，害怕学生“跑出了圈”，学生思维集中有余而发散不足。有些教师在课堂讨论环节，给学生思考的时间不足，互动讨论流于形式，这是对培养学生开放性思维能力的价值认识不足。

开放性的教学，应给学生创设更丰富的学习任务。开放性的教学，还应打开面向自然和生活的大门。今天的课堂，已经打破教室和校园的时空局限，“生活即教育，社会即学校”。只有让学生走向自然与社会的广阔天地，“家事国事天下事，事事关心”，才能让知识与生活碰撞生成智慧，让思维在实践探索中变得更加开放而深刻。

三、探究、实践的课堂载体是学习活动

（一）学习活动的作用

学生的学习多在有组织的课堂上完成，课堂教学中实现学生探索体验

的载体就是开展学习活动。

学生是学习的主体，每个学生都带着自己的前拥知识走进课堂，课堂学习就是要使学生把自己的前拥知识卷入思维活动之中，在团队探究的氛围里产生正向迁移，生成新的知识和概念，提升学生的学习能力。

课堂上提倡活动，是拉长学生体验知识生成的过程，从而深化学生对知识的理解，促进学生思维在合作探究中发展。但前期教师是比较辛苦的，因为活动的设计和规则的制定，需要教师将知识进行整合与深化，还要考虑学生的基础与学习成效。

课堂教学以活动（或游戏）形式开展，具有三点积极意义。

第一，情境中体验过程。具有生活真实性和知识“原产地”特征的活动情境，有助于学生在探究中全身心体验到知识生成的过程。这一过程的体验会加深学生的印象，使其与知识之间产生更加密切的关系，增强知识的实际运用价值。

第二，框架中感知整体。学习活动具有相对开放的空间和对知识的整合，活动中的探究相对被动接受而言，学生对知识来龙去脉的感知程度要深很多，知识脉络和线条呈现在学生面前的机会也更多，所以，学生会有更多的时间在框架体系下实现对知识的整体感知，知识碎片化倾向会得到极大改善。

第三，探索中深化认知。围绕学习领域的能力发展目标，设计出的学生自主探究、合作建构的学习活动，需要学生展开自主学习探究，充分调用和关注已有的知识、经验和方法，让问题变成自己的问题。同时在团队环境下，成员之间观点、思路、方法的碰撞，多维度的交流，让学生有更多的机会表达自己的观点、思路、方法，促进学生不断修正和完善自己，最终形成学习成果，这些过程深化了学生的认知。

（二）学习活动的特征

学习活动要具备有料、有效、有序和有趣的特征。

1. 学习活动要有料

学习活动是学生探究的综合场景，必须要有丰富的元素，真实的问题，综合的场景。学习情境的撷取、设置不能拘束于知识内容，主要应面向学生的现实生活，在学生鲜活的日常生活环境中发现、挖掘学习情境的资源，其中的问题应当是学生日常生活中经常会遭遇的一些问题。当然，学习情境应该与知识内容相联系，但不能是知识的另一种面目，应该是能够体现知识发现的过程，应用的条件以及知识在生活中的意义与价值的一个事件或场景。只有这样的情境才能有效地阐明知识在实际生活中的价值，帮助学生精确理解知识的内涵，激发学生学习的动力和热情，并促使学生把知识转化为技能。学习情境来自学生的日常生活，也就意味着情境需要接近真实，包含真实的问题，而不是假问题，解决真实问题才能让学生感受到知识与生活之间的密切联系。

2. 学习活动要有效

课堂上的学习活动不是为了让学生活动而活动，而是为了让学生学，为了促进学生更好地学习，所以活动和知识之间要有联系，能够呈现出学科知识、方法和思维的相关，利于学生发现知识的形成和产出过程，不能太容易，也不要太难，导致学生丧失信心。知识源于生活，又进行了提炼加工与升华，所以学习活动要有利于将知识还原至产生的源头，让学生经历知识的生成过程。

3. 学习活动要有序

学习活动不能是随意的，应当具有鲜明的设计感，体现出教师对学生把握和理解知识后的整合能力，是教师专业水平的体现。同时学习活动不应该是孤立的，随着课堂进度的深入，活动之间应该具有内在联系。这种联系体现的是知识内容与生活场景的深层逻辑。前后活动之间还应当具有层次和梯度，能够引导学生的思维步步递进和有序深化。

4. 学习活动要有趣

学习活动是吸引学生参与探究，自主生成知识的教学行为，必须贴近学生，满足学生的兴趣点，吸引学生关注，符合学生的生活实际，具有较强带入感，增加知识的精彩性和丰富性，实现让学生深度的参与，产生高峰体验。因为时代差异，教师很难完全站在学生立场设计出高效活动，这时便可以向学生请教。东城区一所中学的杨老师，在一次全市公开课前期试讲时，个人认为已经做出了非常完美周全的设计，完全能够产生很好的现场效果。但现实是，学生根本没有按照她的设计思路向下推进，课堂显得异常尴尬。时间紧、任务重、修改难度大，应该怎么办？杨老师想到了去问学生，向学生请教，让学生帮忙出主意。交流中杨老师才知道，在她看来的精彩设计，学生一点都不感兴趣，他们认为和自己没关系。杨老师找到了问题症结异常兴奋，让学生帮他设计学习活动，提出自己喜欢的课堂需求。最终，在学生的参与下，杨老师的公开课取得了非常好的现场效果。

苏霍姆林斯基曾说，孩子提出的问题越多，他在童年早期认识周围的东西也就越多，在学校中越聪明，眼睛越明，记忆力越强。要培养自己孩子的智力，就得教给他思考。人的心里有一种根深蒂固的需要——总想感到自己是发现者、研究者、探寻者。在儿童的精神世界中，这种需求特别强烈。但如果不向这种需求提供养料，即不积极接触事实和现象，缺乏认识的乐趣，这种需求就会逐渐消失，求知兴趣也与之一道熄灭。

学习的探究性体现了学习的主体性过程，有更多的体验，是学生身心与环境全方位的综合投入。转变课堂教学方式的根本目的，是要启动和发挥学生自主学习内生动力和机制。友善用脑研究认为，学习过程是学习者自身的脑神经机制、感觉机制、思维机制、环境机制和动力机制综合协调运行的过程，任何代替或强制学生学习都是徒劳的，学习是学习者自己的事情，教育的根本功能是激活和调动学习者自身的内在学习机制，引导学习者在改变自身的过程中得到发展。友善用脑课堂教学范式研究，依据并融合多学科的理论基础，作用于学生的课堂学习，根本出发点在于明确学生的学习主体地位，进而促进学生的自主学习动力的启动，形成学生自身学习机制协调运行的良好状态，实现学生学习能力提升和全面发展。

四、友善用脑学习活动示例

（一）二年级语文“从现在开始”

这是一篇童话故事，文章很短，全文如下：

狮子想找一个动物接替他做“万兽之王”。于是，他宣布：“从现在开始，你们轮流当‘万兽之王’，每个动物当一个星期。谁做得最好，谁就是森林里的新首领。”

第一个上任的是猫头鹰。他想到自己成了“万兽之王”，神气极了，立刻下令：“从现在开始，你们都要跟我一样，白天休息，夜里做事！”大家听了议论纷纷，可是又不得不服从命令，只好天天熬夜。一个星期下来，动物们都叫苦连天。

第二个星期，轮到袋鼠上任了。他激动地说：“从现在开始，你们都要跳着走路！”听了袋鼠的话，大家直摇头。可是又不得不服从命令，只好苦练跳的本领。

第三个星期，轮到小猴子当“万兽之王”。大家都非常担心：他会不会命令我们从现在开始，都得住在树上，成天抓着藤条荡来荡去？谁知，小猴子只说了一句话：“从现在开始，每个动物都照自己习惯的方式过日子。”话音刚落，大伙儿立刻欢呼起来。

狮子见了，笑眯眯地说：“不用再往下轮了。我郑重宣布，从现在开始，小猴子就是‘万兽之王’了！”

老师在进行教学设计时考虑学生特点和文章特点，设置了三个活动分别用来落实字词、理解课文和拓展想象。学习环节及活动设计改进前与改进后见表 3-5。

表 3-5 学习活动设计改进的前后比较

改进前：

学习环节	学习活动
一、巩固词语（10 分钟）	活动一：我是小老师 结合已学词语进行词语复习，熔炼团队
二、团队学习，理解课文（20 分钟）	活动二：我是故事大王 教师随机抽取学生团队上台，通过文中关键词语学生进行表演，品读课文
三、联系生活，拓展想象（10 分钟）	活动三：我是万兽之王 结合问题思考，突破学习难点，进一步理解课文

改进后：

学习环节	学习活动
一、巩固词语（10 分钟）	活动名称：我是小老师 活动要求：小组内以"老师考学生"游戏识读词语卡片，检查词语掌握情况
二、团队学习，理解课文（20 分钟）	活动名称：我是表演大王 活动要求：小组在流利朗读基础上，抽取文章段落，上台表演其中的关键词，其他组根据表演猜词
三、联系生活，拓展想象（10 分钟）	活动名称：我是万兽之王 活动要求：以万兽之王身份，对落选的猫头鹰或袋鼠说些话

比较两个学习活动设计，看到两个设计基本清楚展示了教师的设计思路和意图，改进后活动要求更明确，具有活动引导性和操作性，为评价提供了清晰的指向。

（二）三年级数学、英语融合课“小老鼠吓跑猫”

活动内容和规则见图 3-4。

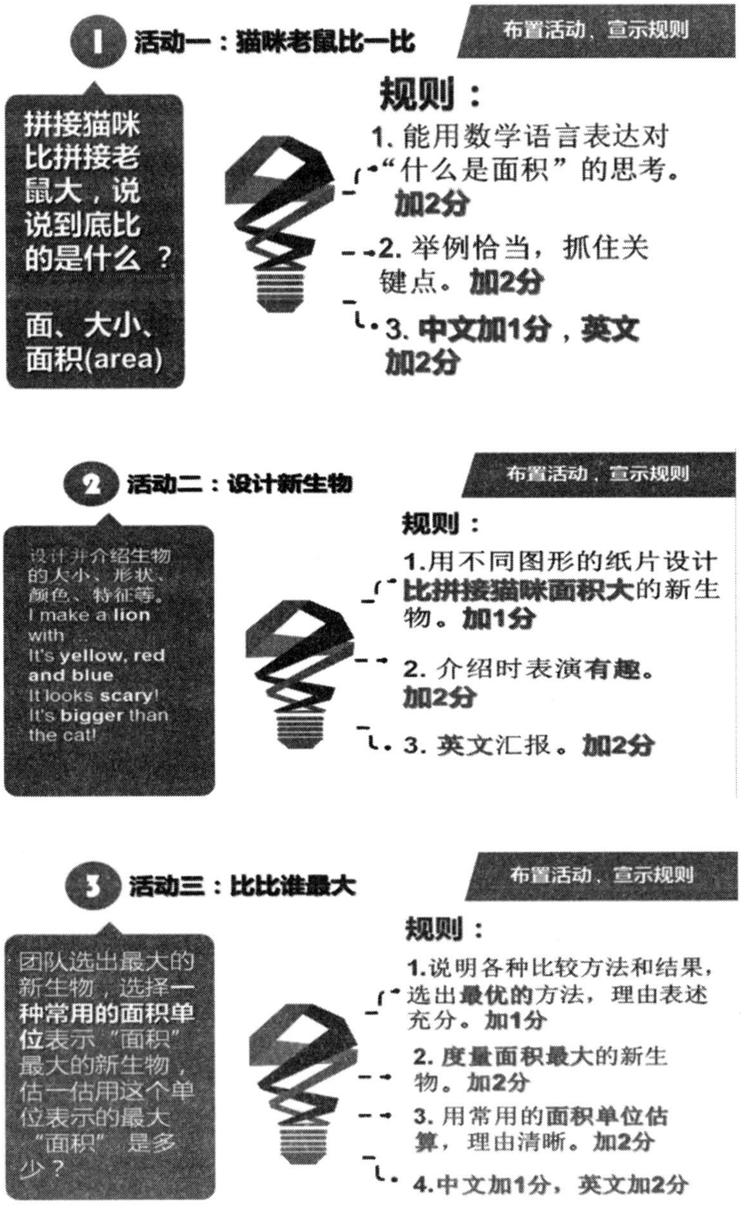

图 3-4　活动内容与规则

这是2020年新冠疫情期间的一节在线学科融合课，将数学和英语学科中有关面积的内容融合在了一起，特别是用"小老鼠吓跑猫"这一"反常理"的现象作为课题名称，能够极好地调动学生的好奇心，将学生吸引到课堂中来。

（三）四年级数学"轴对称再认识"

学生的主动学习源于对学习内容的强烈兴趣。本节课的轴对称在生活中处处可见，轴对称的美，学生也深有体会。如果此时仍然局限于简单的轴对称图形，学生已经提不起兴趣了。而教师在得知学生刚学完语文课《圆明园的毁灭》后，选用圆明园遗址的"大水法"——学生们熟悉身边的文物作为轴对称学习的活动情境，很快激发起学生强烈的好奇心和探究欲。学生们已经对圆明园作为我国重要文化遗产的地位有清晰地认知，这种活动情境又体现出"立德树人"的育人思想。此外，教师还提供给学生丰富的尝试与体验空间，学生可以在不断试错的过程中感悟数学的本质，从挑选工具到寻找对称轴、再到复原大水法的过程，学生全程都沉浸在思考与探究的过程中。学习活动设计（节选）见表3-6。

表3-6　学习活动设计（节选）

环节及时间分配	学习活动	活动规则	活动依据及设计意图
环节三：完成任务，复原大水法（15分钟）	活动二：复原大水法 活动要求： 1. 4人一组用喜欢的方式研究复原大水法，将研究过程简单记录下来 2. 全班交流汇报，找寻最优化复原方法，反思自己的方法	1. 自选工具，完成大水法的修复。加2分 2. 寻找最优复原方法，反思自己的方法，提出改进意见。加2分 3. 能够对其他组同学的方法认同、质疑或补充。加3分	修复古建筑对学生而言是一件既富有挑战性又很有吸引力的任务，第二环节作为铺垫为学生提供了广泛的思路，学生在复原前需要先进行想象，然后尝试复原；在汇报交流中不断将脑中的想象图形与实际进行对比，增强空间观念，同时小组间的交流使方法得到优化，完善思考角度

(四) 四年级语文“麻雀”

1. 确立目标

通过表演老麻雀拯救小麻雀的过程，绘制老麻雀所作所为的思维导图，评论和感受老麻雀的爱子之情。活动内容见图 3-5。

图 3-5 活动内容

2. 正式上课

课前两分钟：配乐展示《藏羚羊的跪拜》一文，让学生在音乐中读读相关内容，更好地进入学习情境。

学生分小组讨论，4分钟后开始汇报：

学生1：我看出这是一只伟大的老麻雀，因为它绝望地尖叫着。绝望就说明老麻雀明明知道自己没有生的希望，却还是飞下来保护小麻雀，所以我认为这是一只伟大的老麻雀。

学生2：我认为这是一只充满母爱的老麻雀，它像石头一样飞了下来，说明它很坚定，没有犹豫地想保护小麻雀，所以老麻雀是充满母爱的。

学生3：我也认为老麻雀是伟大的，它明明能安然地待在高高的没有危险的树枝上，可是它还是飞了下来，不顾自己的安危也要保护小麻雀，说明它很爱小麻雀。

教师：学生们能联系猎狗的形象，体会体会吗？

学生：猎狗是庞大的，有着锋利的牙齿，感觉一下就能把弱小的老麻雀和小麻雀给吃了，可是老麻雀没有害怕，还是飞下来保护小麻雀，说明它很爱小麻雀，很伟大。

教师：是啊，伟大的老麻雀充满母爱。老麻雀明知（飞下来）没有用，却还是（像石头似的落在猎狗面前），因为它……

学生：（不能安然地站在高高的没有危险的树枝上，一种强大的力量使它飞了下来。）

教师：老麻雀明知（尖叫）没有用，却还是（绝望地叫着，直至声音嘶哑），因为它……

学生：（不能安然地站在高高的没有危险的树枝上，一种强大的力量使它飞了下来。）

教师：老麻雀明知（反抗）没有用，却还是（准备着一场搏斗），因为它……

学生：（不能安然地站在高高的没有危险的树枝上，一种强大的力量使它飞了下来。）

五分钟学生展示自己的爱心卡（见图3-6）。

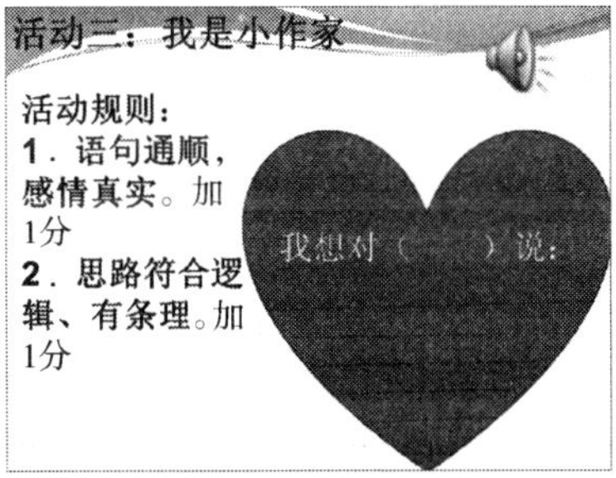

图 3-6　爱心卡

学生 1：我想对小麻雀说：“你有一个爱你的妈妈真幸福，以后你也要对你的妈妈好啊！”

学生 2：我想对老麻雀说：“你真勇敢，你用自己的身体保护小麻雀，真了不起！”

学生 3：我想对猎人说：“谢谢你唤走了猎狗，要不老麻雀和小麻雀都活不成了，你也是个好人！”

冥想总结：学生伴着音乐通过冥想梳理本节课的收获。教师简单复述学习目标，引导学生结合过程进行课堂学习自检，加深认识。

最后，请学生们依据所学整理补充自己的思维导图。

（五）七年级语文“卖油翁”（完整设计）

1. 学习依据

略。

2. 学习内容分析

《语文课程标准》中提出课程的基本理念：全面提高学生的语文素养，正确把握语文教育的特点，积极倡导自主、合作、探究的学习方式，努力建设开放而有活力的语文课程。因此，课堂教学应注重引导学生多读书、多积累，重视语言文字运用的实践，在实践中领悟文化内涵和语文应用规律。《语文课程标准》第四学段（七至九年级）的课程目标和内容，要求学生要学会阅读浅显的文言文，能够借助注释和工具书理解基本内容。重视积累、感悟和运用，提高自己的欣赏品味。

3. 学情分析

这篇课文的教学对象为七年级学生。在经过一个学期对文言文的接触和《卖油翁》一文本身的浅显易懂，学生在理解文意方面是较为容易的。但对于文言文重要词语的理解和积累还不够扎实。因此，本节课的教学重点放在通过活动探究，让学生在借助注释和工具书理解课文基本内容上，对重要文言词汇进行积累巩固。教师要在充分激发学生阅读积极性和主动性前提下，落实听说读写能力的训练，注重学生良好学习习惯的培养。课程设计见表 3-7。

表 3-7　《卖油翁》课程设计

学科	语文	领域与课题	《卖油翁》	课 型	新授
学习目标	通过跨越雷区、身临其境、话说三个活动，积累自矜、睨、颔等文言字词，理解故事内容，体会故事蕴含的道理				
学习过程					
环节及时间分配	学习活动	活动规则		活动依据及设计意图	
一、明确目标，2 分钟	教师宣示，学生明确本节课学习目标	阅读并朗读学习目标		让学生明确这节课的目标，带着目标完成课堂学习任务	
二、落实字词，5 分钟	活动：跨越雷区 在个人初读课文基础上，互听互查，知晓矜、圃、睨、颔、忿、酌、杓、沥等字的读音和意思	1. 读准字音（加 2 分） 2. 正确解释字义（加 3 分） 3. 说清如何确定字音、字义（加 2 分）		初读课文，了解基本文意，培养文言文语感。引导学生通过查字典，看课文注释，联系上下文，依据阅读积累等方法途径，解决文言文中的字词问题	

续表

环节及时间分配	学习活动	活动规则	活动依据及设计意图
三、梳理文意，15分钟	活动：身临其境 抓住关键字词，梳理文章大意，团队完成故事的表演	1. 再现文中人物对话（加1分） 2. 人物神情、状态、语气等表现恰当到位（加1分） 3. 非对话部分以现代汉语旁白方式体现（加1分） 4. 指出表演组存在的问题，进行质疑补充（提出问题加1分，解决问题加3分）	通过表演和旁白再现文章内容，会使学生对文章内容理解呈现得更丰富，也利于激发学生的参与兴趣，以表演带动学生阅读文本，检验阅读效果
四、体会道理，15分钟	活动：还有话说 团队内分别站在陈尧咨和卖油翁角度，推测如果对话继续，两人会再说些什么	1. 符合文中故事背景（加2分） 2. 符合人物性格特点（加2分） 3. 团队展示有创意，有深度。比如，辩论、表演等（加3分）	让学生站在两个人物角度开展“续写故事”式的现场辩论，呈现出对人物的深度理解，展现学生对故事蕴含道理的多重理解，拓展学生思维，锻炼学生口语表达能力
总结拓展，3分钟	再读文章	个人再读课文，回顾文章内容 思考并尝试用文言文续写故事	个人再读文章，巩固对故事内容的理解，思考文言文的表达特点
板书设计	陈尧咨　射箭　十中八九　…… 卖油翁酌油　钱不沾湿　……		

（六）九年级物理“真‘像’是什么?”（完整设计）

1. 学习依据

略。

2. 学习内容分析

《义务教育课程标准》（2011版）指出：义务教育阶段物理课程的总目标是提高学生的科学素养，让学生学习终身发展必需的物理基础知识和方法、经历科学探究过程，具有初步的科学探究能力、勇于质疑，养成尊重事实、敢于创新的科学态度和科学精神、树立正确的科学观。中学物理核心素养，提出了物理观念、科学思维、科学探究、科学态度与责任。《学习科学 友善用脑》中明确指出：学习科学是以人为中心的，把人置于广阔的社会人文背景下开展的对“学习”的科学研究。本节课是以“光现象”为载体的复习课，课堂中我们通过创设真实有趣的魔术情景，让学生经历自主探究的过程，主动利用物理知识和方法解决问题，领悟科学探究方法，发展科学探究能力，树立正确的科学观。

3. 学情分析

（1）学生已经具备了一定的物理基础知识，能利用所学解释一些简单的物理现象。

（2）学生对于科学探究还有欠缺，尤其是新情境下的物理现象。

（3）学生层次分化明显，认知倾向和思维类型有明显的个体差异，因此采用科学学习友善用脑的团队学习形式。

（4）一模、二模期间的学生心理压力较大，甚至会表露出倦怠，迫切需要引入新的情景，创设友善、有趣的课堂。

课程设计见表 3-8。

表 3-8 课程设计

<table>
<tr><td>学 科</td><td>物理</td><td>领域与课题</td><td>真“像”是什么？</td><td>课型</td><td>复习</td></tr>
<tr><td>学习目标</td><td colspan="5">学习目标：
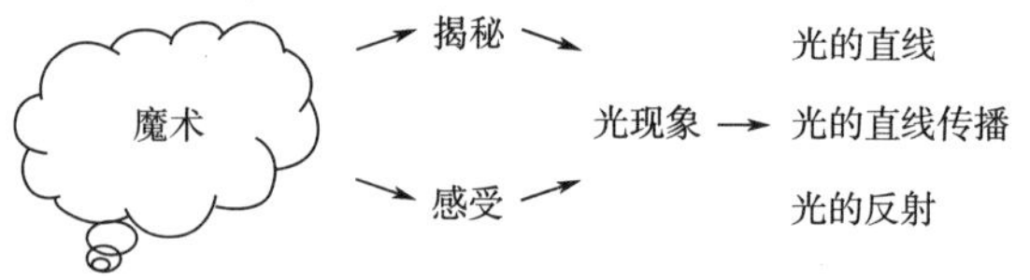

通过两个魔术感受光现象在魔术中的妙用，经历自主探究的过程揭秘魔术中蕴含的物理原理，认识到光的直线传播、光的反射和光的折射在生活中的作用，形成科学的态度和价值观</td></tr>
</table>

续表

学习过程			
环节及时间分配	学习活动	活动规则	活动依据及设计意图
22 分钟	活动一：镜中消失的牛奶 活动要求：团队讨论“镜中消失的牛奶”的魔术是如何实现的。时间 8 分钟	找到魔术成功的关键点（加 1 分） 分析魔术实现的过程（加 1 分） 用物理语言、物理知识、物理方法、物理技能等解释（加 2 分） 小组一起表演这个魔术并解说（加 2 分） 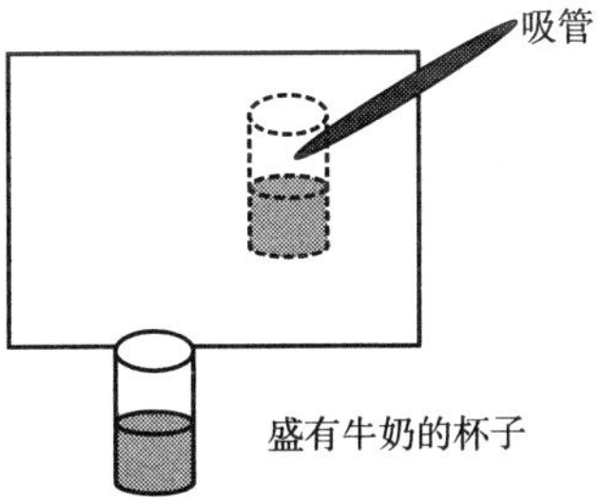 	创设一个平面镜成像的魔术情景，让学生应用平面镜成像特点及光的直线传播解释现象，通过实验解释其中原理，进一步理解平面镜成像的特点，形成科学思维
18 分钟	活动二：反向的箭头 活动要求：团队讨论“反向的箭头”的魔术是如何实现的。时间 8 分钟	找到魔术成功的关键点（加 1 分） 分析魔术实现的过程（加 1 分） 用物理语言、物理知识、物理方法、物理技能等解释（加 2 分） 关于柱形透镜你有哪些发现？如何验证你们的猜想（加 2 分） 	创设一个柱形透镜成像的魔术情景，让学生迁移凸透镜成像特点和凸透镜对光的作用，尝试解释现象，通过探究揭秘过程解释其中原理

续表

板书设计			
环节及时间分配	学习活动	活动规则	活动依据及设计意图
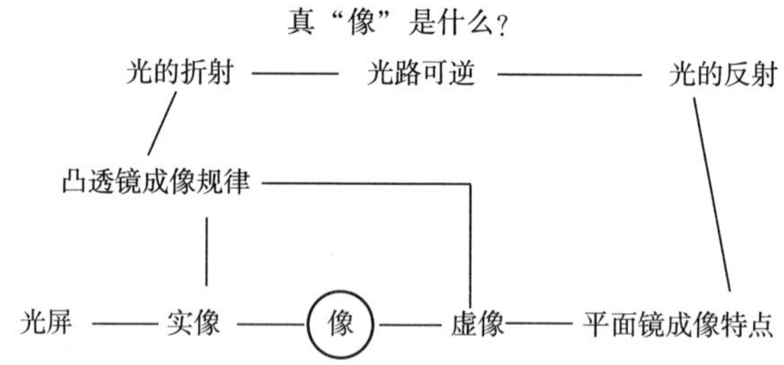			

（七）九年级物理“酒店密室凶杀案——磁现象复习”（完整设计）

1. 教学依据

根据课标中的基本理念，物理课堂需要面向全体学生，把课堂重点放在学生身上，提升学生的科学素养，课堂设计应该贴近学生生活，从生活出发，提取知识，并且回归生活中。传统课堂主要是终结性评价，新型的课堂应该增加形成性评价。

磁现象一章主要是研究具有磁性的物体，比如，磁铁、被磁化的磁性材料、通电导体、通电螺线管、电磁铁等的磁学特点，以及这些物体之间的相互作用。课标对本章的总体难度要求较低，但是磁场的知识又在生活中有着非常广泛的应用。在思维方面，磁场是本章各个知识点联系起来的纽带，所以知识层面学生掌握起来并不难，但是知识之间的联系，探究方法，仍需要借助本章知识进行培养。

本章的知识看起来比较散，但是又都可以找到联系，所以从磁体对铁质物体有力的作用切入，进而发散思维，复习相关知识点。学生发散思维的过程，也是建立知识之间联系的过程，在过程中，发展了学生的思维。

在课堂形式上，通过酒店中毒案件的情景让学生对案件进行推理、侦破并提出安防建议，三个环节贯穿课堂，保持学生课堂上的专注力，提高课堂效率。

在学习新知识的时候，磁场是看不到、摸不着的，如何认识磁场呢？这就应用到了物理学中的转换法。我们通过小磁针的指向反映出磁场的方向，通过铁屑的分布描述磁场分布。而在生活中遇到问题时，不能指望有人站出来提示我们：你需要利用转换法解决问题了。通过物理教育获得的科学研究方法，更应该是一种润物无声的存在。要证明这个东西是不是磁铁，要想到磁铁才能产生的作用效果，反之则不是磁铁。这是本课对于科学思维培养的体现。具体教学设计见表3-9。

表3-9 课程设计方案

<table>
<tr><td>学 科</td><td>物理</td><td>领域与课题</td><td>磁现象</td><td>课 型</td><td>复习</td></tr>
<tr><td>学习目标</td><td colspan="5">通过“我是小侦探”“抽丝剥茧”“我是安保小达人”活动，系统复习磁现象、磁场、电磁铁等知识，并利用所学知识提出更安全的酒店安保方案</td></tr>
<tr><td colspan="6">学习过程</td></tr>
<tr><td>环节及
时间分配</td><td>学习活动</td><td colspan="3">活动规则</td><td>活动依据及设计意图</td></tr>
<tr><td>初探案情
基础回顾
12分钟</td><td>活动内容：我是小侦探
一家酒店报案称，有一女子在房间服毒自杀身亡，判断自杀的依据是铁质门链从里面将门反锁。警察从同住的嫌疑人包里搜出一个奇怪物体。警察认为，案件可能另有隐情，奇怪物体可能是他杀案件的重要证据
活动要求：
扮演小侦探，像柯南一样进行推理，根据已学磁学知识判断这个物品最可能是什么，为什么不接触铁制门链也能产生力的作用，利用物理知识说明依据</td><td colspan="3">利用磁学知识，推演嫌疑人在门外锁门的过程，符合逻辑（加1分）
说出从门外控制铁链的磁学原理，语言规范（加1分）
嫌疑人使用的工具最可能是什么？并利用科学的方法证明（加1分）
统一意见，集体汇报。语言规范（加1分）
小组讨论限时5分钟</td><td>学生已经认知到磁体会吸引磁性材料，也知道磁极之间的相互作用。通过简单的情景，将学生学习过的知识联系起来，创建知识结构，并且提高运用知识解决问题的能力
通过操作上的暗示，学生容易想到老师拿的神秘物体是磁铁，借助活动，证明这个物体可能是磁铁，从而复习有关磁体、磁场的知识</td></tr>
</table>

续表

环节及时间分配	学习活动	活动规则	活动依据及设计意图
还原现场 深度研究 12 分钟	活动内容：抽丝剥茧 经过警察实验验证，发现奇怪的物体并不是磁铁。 活动要求： 根据已学磁学知识分析嫌疑人使用的工具	根据拥有的线索，推断出嫌疑人使用的工具是什么（加 1 分） 阐述作案工具运用了什么原理，说出发现这个原理的科学家（加 1 分） 根据物理学知识，说明这个装置有什么优点？每说出一条（加 1 分） 小组统一意见，集体汇报。语言规范（加 1 分） 小组讨论限时 5 分钟	通过开关，暗示学生开关内部有电路，辅助学生做出这个开关是电磁铁的猜测。复习有关电磁铁的知识
完善方案 灵活运用 16 分钟	活动内容：我是安保小达人 利用磁学知识改进酒店房间的安全措施，防止此类案件再度发生 活动要求： 做出安保方案，为酒店提出建议，实现： 防止从屋外控制门锁安全链 实现报警功能 具备更加安全的功能	运用电磁学知识（加 1 分） 用思维导图（或示意图）展示所用方案以及涉及的知识、原理。要求准确，全面（加 1 分） 小组集体汇报，语言清晰、规范（加 1 分） 活动时间 8 分钟	将磁学知识应用到生活中，体现了生活中的物理。学生经历了设计安保设施的过程，体会到科学知识，科学研究是发明创造的基础，培养应用知识、创造工具的能力
板书设计			

第六节　让学生在规则保障下学习

学习活动为学生提供了探究、实践的载体，但活动效果需要严谨到位的规则来保障。

一、什么是活动规则

活动规则是学习活动中为学生思维划定的“跑道”，为学生突破困难搭建的“脚手架”。以团队为基本单位，在活动中探究生成知识的学生，具有广阔的合作和体悟空间，但课堂教学需要基本的效益，需要学生在有限的时间内达成预期的任务，争取获得更大发展。如此一来，学生的活动就需要必要的方向引导和思维的铺垫，避免造成时间的过多浪费。作为从未知到已知的探究过程，学生在活动过程中难免会遇到困难，出现偏差，作为教师就需要从规则角度提供思考的角度，思路的提示，台阶的搭建。

规则是教师在课堂教学中讲授有关知识内容的抽象概括，更是学生通过活动达成学习目标的保障。学生在活动中，教师不能像以往一样按照自己的思路进行详细讲解，同时还要实现学生对知识的理解和把握，无疑是对教师提出了更高的要求。教师平时在课堂上随时进行的、零碎的引导，在学生活动时就需要进行重新整合梳理，并高度凝练为有条理的引导性、提示性话语，让学生自主达到知识的彼岸。

学生自主活动的成果需要在展示反馈中呈现出来，教师也要进一步判断学生的学习情况，并及时开展评价，进行调整。从这一角度说，课堂活动的规则是与课堂学习活动相匹配的，以学科要求为基础，确保学生能够自主生成相关知识点的评价点，是对学生完成活动任务的要求，也是师生开展课堂评价的直接依据。

二、如何制定活动规则

规则要实现对学生学习相关知识点基本要求的指导，特别是在学生可能存在疑惑和偏差的地方做出提示和引导，启发学生思考、判断、质疑和释疑。

规则要设在学生思维转折和提升处，为学生探究活动中提供基本思维脉络、步骤操作规范的指导，保障学生能够在学科知识的探索中实现思维发展和能力提升。

作为学科学习，活动规则中要对具体内容、落实标准和实施程度有对应要求，使学生在学科学习中保证应该有的质量。

作为评价依据，规则中还要有具体的评价方式和评价标准，让学生明白处在怎样的评价体系当中，以规范和调整学习行为。

活动规则制定不能过于随意，要符合学科内在逻辑，同时严谨缜密，必要的一定体现，减少规则本身内容的冗长，也是对学生表达的示范性引导。

活动规则的目的是指导学生开展学习活动，所以必须面向学生和基于学生，让学生能够理解和操作，避免过于抽象。

三、活动规则与活动要求

在开展学习活动过程中，很多教师对活动规则与活动要求经常存在混淆。

活动要求是活动参与人在活动过程中必须了解的活动步骤、实施要求和活动规范，是对活动本身的基本限定。以往活动规则中常出现的声音洪亮、分工明确等内容，可以剥离出来统一归入活动要求范畴。

教师根据对学习目标的分解，设计出一步一步实现目标的活动后，要把活动要求讲清楚。有些基本要求也可以作为长期的、约定俗成的内容，不必次次提出，比如，“全员参与，组长整体协调分工，组员配合组长工作；按照角色分工开展团队活动；回答问题时让全班同学都能听到，团队讨论最好不影响其他组”等通用性内容。

活动要求与活动规则的对比：要求规范成员有序参与活动，规则引导知识能力有效生成，要求可以约束所有活动，规则要与具体知识匹配；要求主要是组织管理类内容，规则主要是知识学习类、能力导向类内容。要求需全员做到，规则可梯度完成；要求重统一操作，规则重保障质量；要求要明确流程，规则要提供思路。两者的共同点是，陈述要凝练准确，尽量多使用学科语言。

四、活动规则示例

（一）活动名称：我是超市理货员（小学语文学科）

1. 活动内容

小组内模拟超市理货员，轮流将打乱的生词卡片与具体文具对应起来；选择小组上台展示。

2. 活动规则

（1）小组所有学生都参与，秩序好加 3 分。

（2）上台半分钟时间内正确 3 次加 1 分，每多一次加 1 分。

这是低年级识字课中的一个活动，目的是让学生在生活情境中识别生字。利用学生相对熟悉的超市货架场景，让学生对抽象的生词与具体物品之间实现对应，符合小学低年级学生的认知特点。

（二）活动名称：我是表演大王（小学语文学科）

1. 活动要求

小组在流利朗读的基础上，抽取文章段落，上台表演其中的关键词，其他组根据表演猜词。18 分钟完成。

2. 活动规则

（1）组内正确、流利、有语气地读两遍课文加 1 分。

（2）表演词语每猜中 1 个，表演组和猜中组各加 1 分。

（3）表演组对表演词语口头解释清楚准确，每词加 1 分。

（4）表演的词语被补充组解释准确，补充组每词加 2。

（三）活动名称：图形变变变（小学数学学科）

1. 活动内容

将平行四边形纸片剪成两部分，重新拼成一个长方形，对比平行四边形和长方形面积关系后，研讨平行四边形面积算法。

2. 活动规则

（1）明确指出平行四边形分割办法，并折出分割线（加 1 分）。

（2）剪开后的两部分能拼成规范的长方形（加 1 分）。

（3）对比平行四边形和长方形面积大小的关系，并说明理由（加 1 分）。

（4）找到平行四边形面积算法（加 1 分）。

（四）活动：两孔成像的孔像关系实验（小学数学学科）

1. 活动内容

基于猜想中的不同情况，分析孔与像的对应关系，设计实验完成探究并对现象进行解释。时间 10 分钟。

2. 活动规则

（1）画图正确（加 1 分）。

（2）正确解释孔与像对应关系的原因（加 1 分）。

（3）设计验证孔像对应关系实验，方案合理具有可操作性（加 2 分）。

（4）利用棒棒糖模型正确完成对孔与像对应关系的探究实验（安全性加 1 分，整理材料加 1 分）。

（5）小组分工明确，汇报清晰简洁，组内补充及时（加 2 分）。

（6）有效质疑（加 1 分）。

规则 1~6 体现了科学探究的一般步骤和方法。规则 1 和 2 是基于学生的前拥知识对"孔与像对应关系原理"的合理假设和推理阶段，规则 3 和 4 是实验验证和科学总结阶段。在四条规则的有效执行中，既能让学生在自主猜想、推理和实验验证过程中，提升科学探究能力和科学思维能力，又可以通过结果验证的正确性提升科学探究的兴趣。而规则 5 和 6 的有效执行，既能有效训练学生的科学表达能力，促进学生间的互动和交流，又能提升学生的元认知能力。

（五）活动：纸牌游戏——找规律（初中数学）

活动内容见图 3-7（部分）。

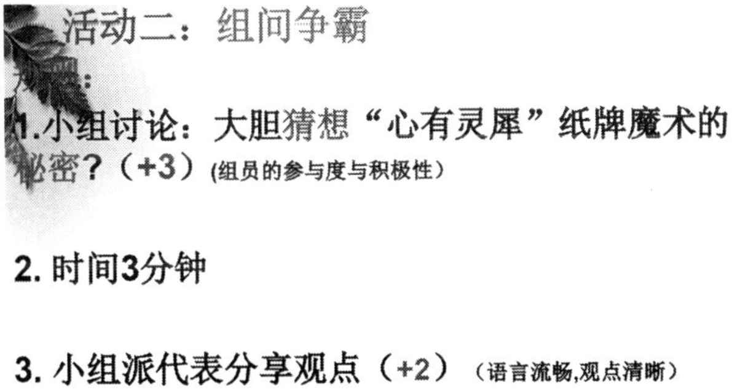

图 3-7　活动内容

活动为教师课堂所用课件（见图 3-7），表述比较简单，但课堂上教师运用语言做出清晰介绍，也取得理想效果。课后授课教师与学生沟通，做出调整如下。

1. *活动名称*

奥秘大猜想。

2. *活动要求*

团队讨论“心有灵犀”纸牌魔术为什么能够实现。时长 3 分钟。

3. *活动规则*

（1）找到魔术成功核心点（加 1 分）。

（2）分析魔术实现过程（1 分）。

（3）使用数学语言（1 分）。

（六）活动内容：“求曲边梯形面积”方案设计活动规则（高中数学学科）

1. 原设计

（1）思考曲边梯形与已经学过的哪些图形类似。

（2）方案要尽量减小误差。

（3）方案要便于实际操作。

（4）形成全组统一方案。

（5）汇报方案并说明理由。

2. 调整后

（1）可以运用哪些已经学过的相关知识（加 1 分）。

（2）如何做到减小测量误差（加 1 分）。

（3）如何做到便于实际操作（加 1 分）。

（4）10 分钟内完成方案（加 1 分）。

（5）汇报表达准确精练（加 1 分）。

（七）活动内容：“为祥林嫂画像加解说”（高中语文学科）

1. 活动规则（原设计）

（1）各小组讨论，在已经完成的“祥林嫂”画像上添加人物简介。

（2）人物简介可包括祥林嫂的外貌、性格、经历等，字数不超过 100 字。

（3）小组派代表展示。展示加 2 分，展示有创意再加 2 分。

（4）其他小组可以对画像或简介进行质疑，并说出你们的修改意见。质疑合理并提出合理修改意见加 2 分。

（5）欣赏越剧短视频《祥林嫂——问苍天》选段。

2. 调整后的设计

（1）人物简介包括动作、外貌、性格、经历等因素，不超过 100 字（加 2 分）。

（2）用词准确、表达流利（加 2 分）。

（3）团队主动展示（加 2 分）。

（4）展示有创意（加 2 分）。

（5）质疑补充合理，理由充分（加 2 分）。

通过示例，我们可以发现好的规则起到了引导活动实施，搭建学习支架，清晰评价导向等作用。

第七节　让学生在评价支持中学习

一、评价引导改革前进方向

2020 年，中共中央国务院印发的《深化新时代教育评价改革总体方案》（以下称《方案》）指出，教育评价事关教育发展方向，有什么样的评价指挥棒，就有什么样的办学导向。方案提出“坚持科学有效，改进结果评价，强化过程评价，探索增值评价，健全综合评价，充分利用信息技术，提高教育评价的科学性、专业性、客观性。”“树立科学成才观念。坚持以德为先、能力为重、全面发展，坚持面向人人、因材施教、知行合一，坚决改变用分数给学生贴标签的做法，创新德智体美劳过程性评价办法，完善综合素质评价体系”。

随着教育深化综合改革进程的不断推进，已经进入改革“深水区”的课堂教学，对学校、教师、学生都提出了更高的要求，也带来了新的挑战。要使改革方向能正确实现预期目标，就需要有效的评价予以保障。

以前讲教育教学改革，我们会说指挥棒没有改变，改革难有根本的变化。现在看，评价的改革已经直接引领了我们的教育发展方向和办学导向。在这种背景下，我们势必要面对最深刻的教育变革，我们要走向更为深入的课堂教学改革。具体到课堂教学中，有效的评价可以保障学生的学习主体地位，提高学生学习的动力，促进学生学习的深度，反馈学生学习的效果。

《方案》中要求“把认真履行教育教学职责作为评价教师的基本要求，引导教师上好每节课、关爱每个学生。幼儿园教师评价突出保教实践，把以游戏为基本活动、促进儿童主动学习和全面发展的能力作为关键指标，纳入学前教育专业人才培养标准、幼儿教师职后培训重要内容。探索建立中小学教师教学述评制度，任课教师每学期须对每个学生进行学业述评，述评情况纳入教师考核内容”。

每位教师在对学生开展评价的同时，自身也在时刻接受着评价。深入开展教育教学评价，会使得教育教学过程更加清晰地呈现出来，也会让我们的工作“有迹可循”。

考核评价是教育过程中的一个重要指标。坚持教育的根本目的，是让学生学会学习，但不是以牺牲考评质量为代价，相反，学生学习能力的提高一定会促进学习成绩的增长。坚持正确的教育思想，让学生学会学习，就必须把终结性的考核变成形成性的评价，把评价也作为学习的一个过程和手段，促进学生“元认知”的发展，培育学生的学习能力。学业水平的高低是判断研究和实验的一个重要指标，把终结性评价变为形成性评价是一项重要工作。

课堂教学评价具有一定的激励和导向作用，是课堂教学的指挥棒。传统的教学评价用统一的模式标准去要求，用预定答案或现成的结论作为评价学生的依据，扼杀了学生的创造性，是封闭的；开放的教学评价应当是打破教师中心、知识中心的评价体系，充分发挥学生的积极性和主动性，变由教师独自评价为师生共同评价，自由评、互评、组评、师评相结合。改变评价能够使学生更有主动性和信心参与到课堂学习活动中。

二、课堂评价的功能体现

课堂是教师辛勤耕耘的土壤，在课堂上只有让学生真正动起来，让课堂教学发生本质的改变，给学生时间、空间去质疑，让学生发展求异思维，才能真正让学生在活动中得到体验，才能有效促进学生元认知的发展。

（一）依托标准规范过程

评价依据是科学、严谨、具体、可行的标准。课堂评价实施之前，师生必须就评价事项达成一致认识，做出具体明确的评价维度、评价指标、评价方式及标准要求。评价过程就像执法过程，操作的效率和可信程度取决于评价标准的一致程度。

友善用脑课堂上，对团队学习的评价通过倾听、规则、合作三个维度进行。三个维度基本可以涵盖课堂学习行为的各方面，既能规范学科知识的学习，也能促进学生综合素质的提高。倾听是学习需要具备的一条重要品质，也是人在社会交往中必备的素质之一。课堂上的倾听既包含倾听教师的讲解，也包含倾听同伴的发言。规则既有对课堂纪律、班级守则等规定的遵守，也包含对学习活动规则的执行。合作既包含合作表现，也包含合作成果。三个评价维度的基本内涵需要让学生完全知晓，同时还要将具有班级个性化特点的评价指标予以明确。课堂评价应该只是结果的明确，而不能每次都有标准的讨论。至于学科学习标准，应该在学习活动中予以规定。

（二）依靠反馈保障质量

评价可分为终结性评价（结果评价）和形成性（过程）评价。我们倡导在课堂上多使用形成性评价，也要多开展增值评价。形成性评价和增值评价更利于学生个人的发展，也更利于保障学生主体地位的体现。形成性评价的实施可以让学生处在受监控和受引导纠正的过程中，可以促进学生元认知发展，保障学生的获得是真实、深厚和深刻的。评价既是对学生学习过程的引导，也是检验。

评价的关键是必须提供反馈和回溯的机会，而且被评价的内容必须和学生的学习目标相一致。形成性评价，涉及将评价（通常是在课堂教学情景中使用）作为改进教与学反馈信息的来源。终结性评价，主要测量学生在某些学习活动结束时已经学到了什么。评价学生学习的目的是为了测量他们理解、推理和解决复杂问题的能力。形成性评价让教师把握学生的前概念，理解学生在从非正式到正式思维的“发展性通道”中所处的位置并相应设计教学。在评价中心的课堂环境中，形成性评价有助于教师和学生监控学习过程。

与评价相伴随的是激励，通过评价激励学生，增强学生的动机和信心。对学生的激励可以是物质的，也可以是精神的，但核心是要让评价与学生的切身利益产生直接关联，让学生感受到评价是有用的。对于激励方式的选择，还是应当坚持“以学习鼓励学习”的原则，将学习成果与长期的学习过程相结合。

南方的某所“工读”学校，对学生的管理曾经是铁窗封闭，严防死守。即便如此，学生还是曾经上演了半夜从 5 楼“集体大逃亡”的“越狱”事件。学校想“管”住学生，但实际效果总是难如人愿。学习方面，学生学习能力差、学习兴趣不高等问题普遍存在，20 人的课堂上能有 19 人在睡觉，学习好像是一件与学生无关的事情。

开展友善用脑课题实践以后，情况发生了根本转变。学校通过学情调查了解到，学生认知倾向多为动觉型或总体把握型，传统的授课方式根本引不起他们的兴趣。友善用脑课堂上，教师首先用思维导图策略吸引学生的注意，让学生更多地参与到课堂活动中，团队学习中采取“团团坐”形式，有效促进了学生之间的交流。只要遵守规则，围绕学习内容，学生可以在课堂上自由说话。这些变化，对于学生来说是“新鲜事”，降低了学生因为被管教和约束产生的抵触心理，为孩子们创设了较为安全放松的课堂氛围。

工读学校的学生在知识水平方面相当于小学三四年级，与普通学校学生存在明显差异，如果不能调动他们的内在动力，靠教师“教”几乎是不能奏效的。学校在科学认真地分析了学生的学习特点和学习兴趣点后，依据学生的前拥知识和认知特点设计教学活动，创设学习场景，构建适合工读学生的课堂范式。因学校同时为深圳市学生综合实践基地，拥有一些特殊资源，便运用心理学中“代币治疗”的原理，创建“代币制”，让学习与学生感兴趣的课外活动相结合，探索新的学生教育和评价方式。教师以为学生会对卡拉 OK、射击等活动感兴趣，所以设置了较高“币值”。实践过程中发现，学生们最感兴趣的活动却是周日晚上一起包饺子。仔细分析会发现，这与孩子们家庭关爱比较缺失有直接关系。由此也再一次告诉我们，对学生的尊重不能站在教师角度“自以为是”地进行判断，要真正走近学生，了解学生的真实需求。

同时，学校积极运用团队学习方式，采用了大数据 E 采系统，全面收集学生个人及团队课堂各项表现的数据，并进行汇总，开展课堂学习评价，既激发和调动了学生课堂学习动力，又增强了学生的集体荣誉感。

从“管教”到尊重学生的学习主体地位，主动研究适合学生、能够提升学生学习兴趣的教学方式和评价方式。使工读学校实现了教学基点的转变。这一转变带来学生学习状态的彻底改观，课堂上学生以组为单位，根据课堂活动和规则要求，激烈讨论踊跃发言，课堂学习氛围融洽而热烈，很多第一次听课的老师根本不相信课堂上是“工读”学校的学生。

三、课堂评价的基本原则

（一）及时评价

教师的评价既不能超前，又不能拖后。超前的评价，会让学生觉得教师的评价没有太大的价值和意义，而滞后的评价会让学生觉得自己的回应没有被重视和尊重。因此，在课堂教学中，教师对学生的发言应抓住评价的时机，该及时鼓励的就毫不迟疑，不宜立即评判的就不能过早定论。教师的评价，应以激发学生的兴趣和热情为终极目的。一位教师在执教某一公开课时，因自己紧张而未及时给予一位回答问题的学生应有的评价，而在老师想起并再次给予补偿式的评价时，全班的学生竟都“哄”地笑起来了。因为在学生看来这位回答问题的学生完全被老师给“忽视”了。只有及时、有效、确切的评价，才能让学生觉得老师是我的老师，老师是熟悉我并时刻关注我的老师。

（二）全面评价

评价已成为鼓励学生学习的动机和源泉。要建立能鼓励学生学习兴趣和自主学习能力发展的评价体系，重学习结果更重学习过程，培养和激发学生的积极性和自信心，着眼于促进学生多方面的发展。形成性评价应是全面性的评价，关注学习过程，试图通过改进学习过程改善学习结果，除了评价知识、技能等可以量化的方面以外，更要评价兴趣、态度、策略、合作精神等不易量化的品质，把学生作为一个完整的人进行评价。在评价过程中，评价对象既是评价的客体，又是评价的主体，他们既要被他人评价，同时又要对自己的工作进行价值判断。

（三）客观评价

依据标准指在进行教学评价时，必须以客观事实为基础，严格执行评价标准，坚持客观的、实事求是的态度，不能主观臆断，或掺杂个人情绪。

评价的前提是评价标准和依据，而且须是师生共知且普遍认可的，评价依据现实表现呼应现实结果，同时面向更高标准和更好期待。评价应当具有更为确定的指标和结果，比如对“准确”进行评价，可以是准确地使用文字或语言、准确地使用词语表达自己的想法，可以是记忆的准确性，可以是使用技能的准确性，也可以是创造的准确性。

评价客观也意味着要科学可行。科学就是按照教学评价活动本身的客观规律办事，以科学的教学评价指标体系为尺度，以评价信息为依据，采用科学的评价方法技术，对评价对象进行实事求是地价值判断。可行指评价的指标体系以及方法技术要尽可能简便易行，教学评价程序要便于实施和操作。

（四）多元评价

课堂教学评价是要促进学生发展元认知，使学生在不断观察、发现、总结、反思和调整改进中获得全面发展。所以课堂教学应实施多元评价，积极建构多元互动的立体评价机制。

引导学生学会自评，调动学生内因，启发学生认识自我、发现自我。运用自评有利于减少对学生的伤害，使学生不断地认识和改进自我。

引导学生互评，促进合作，共同发展。教师要引导学生学会用欣赏的眼光看待伙伴，从伙伴的优点中反观自己的不足，而不是总挑他人的毛病。

让学生成为评价的主人，让学生关注自己的发展和进步，真正体现评价所应有的教育意义。

评价过程中还可以将点头、微笑、眼神、口头与书面结合，当众与个别结合，等等，让每个学生都得到赏识，体验到成功。

附：

友善用脑课堂教学评价

在友善用脑课堂教学中，评价是教师调控学生的重要手段，实施友善用脑课堂教学评价应该注意“确立评价方向，明确评价主体，坚守评价依据，形成评价体系”四个主要问题。

一、确立评价方向

评价具有导向性，在学习过程中，学生应该具有什么道德修养？应该具备哪些基本能力？养成那些良好习惯？这些都受到评价导向的影响。确定评价方向，要依据教育的根本目标，明确培养什么人的问题。友善用脑课堂教学注重培养的是人的综合能力，人的综合能力体现在与人交往的过程中，体现在发现问题、解决问题的能力里。因而评价既要注重学生的道德培养，也要注重学生的能力提高，要找到能够高度融合两个方面的关键点，把课堂教学评价聚焦在关键点上。

课堂上的教学评价是发生在瞬间的，评价既要有清晰的导向，也要有明确的界定；既要具体详细，也要提纲挈领；既要全面周延，也要明确简练。在长期的友善用脑课堂教学实践中，很多学校认为“倾听、规则、合作”能够兼容品德与能力、知识与素养，能够基本包容和概括课堂教学中的主要问题，因此把三个方面确定为友善用脑课堂教学评价的主要方向。

第一，倾听。倾听包括两个方面，一是对教师的倾听，一是对同伴的倾听。教师是课堂教学的主导者，这种主导在很大程度上是通过课堂教学评价实现的。倾听教师，既体现了学生对老师的尊重，也是教师调控课堂、把握节奏、实施教学的根本保障。友善用脑的课堂是以团队学习为主体的课堂，在团队学习中，同伴间的交流与沟通非常重要。尊重同伴是学生应该具备的基本素养，而倾听同伴则是这种素养的集中体现。一般而言，大多数学生的思维处在同一水准上，但是不同的生活经历、不同的知识储备、不同的文化背景造成了每个人不同的思维特征，取长补短、互相借鉴，能够丰富和完善人的思维，提高人的分析问题、解决问题的能力。养成倾听同伴的习惯，不但有利于形成民主科学的学习氛围，而且节省了沟通成本，提高了学习效率。

第二，规则。规则是课堂教学评价中的重要依据。规则包括两个方面，一是保证课堂教学秩序的各种规定、纪律和班级守则；二是教师设计的教学活动的相关规则。课堂上的活动和游戏，是为实现学习目标而设计的，“玩”的目的是为了“学”，为了生成知识，严密、周全、简明、清晰的规则，是学生自主学习、完成学习任务的基本保证。班级守则需要大家遵守，因此依靠大家共同制定；教学活动规则反映学科特点，因此依靠教师认真思索，根据学生特点和学科知识要求制定。课堂活动内容和活动规则是教师专业水平的具体体现，教师要将自己对学生的理解和对专业知识的把握，融汇在课堂活动与规则之中，使学生能够在观察体验、探究交流和汇报展示中完成学习任务。

第三，合作。对合作的评价也要从两个方面考察，一是学生在探讨交流过程中的合作表现：学生彼此之间是否密切协调、互帮互助，既发挥个体的潜能，又能形成团队的合力，生成团队内在运作机制？评价是教师在课堂上将“小组”熔炼成“团队”的重要手段，小组中的合作表现反映了团队熔炼的状况，团队的内在运作机制是在学生的自我评价、学生间的互相评价和教师对学生的评价中逐渐形成的。二是学生探究交流的合作成果，就是要评价学生通过各种交流研讨、活动探究，是否达到了教学目标的要求。这种合作成果的显现本身既是团队学习能力的展示，也体现了每个人学习能力提高的过程。

二、明确评价主体

教师是课堂教学的主导者，当然也是课堂教学评价的重要主体。但是友善用脑的课堂是以学生为中心的课堂，因此学生作为评价主体也不能忽略。教师是课堂教学的主要设计者，课堂的教学场景、课堂教学的活动内容和与学科知识紧密相连的活动规则，都是教师制定的。教师是学生学习的指导者，而友善用脑把课堂教学评价作为学生学习的一个过程，学生要根据教师的评价与反馈，反思学习，完善思维，提高能力。因此，教师是友善用脑课堂教学评价主体是不容置疑的。但是学习科学强调课堂教学的主要任务是发展学生的学习能力，其中，对“元认知”技能的应用和把握，是提高学生学习能力的重要表现。“元认知”就是学生自我评判、自我监控、自我调整的能力，“元认知”能够帮助学生将知识迁移到新情境中，是学生提升自己学习能力的具体体现。为了发展学生的“元认知”，在友善用脑课堂教学中，不能忽视学生，教师必须清楚而深刻地认识到，评价是提升学生学习能力的重要手段。在学习过程中，学生既是被评价者，也是评价者，这种自评互评，能够发展学生的“元认知”，促进学生综合能力的提高。

三、坚守评价依据

评价要有标准，标准是评价的依据，这些标准是教师上课时宣布的课堂教学规则，以及学生参与制定的学校课堂教学守则。在规则面前，没有特殊公民，包括规定的制定者，所有人都必须是规则的坚守者，只有这样，课堂教学评价才能起到鼓励先进、促进后学的作用。当明确了教师与学生的评价主体地位之后，教师应该身先士卒，尊重规则、坚守规则，严肃公正的评判。教师只有自己严明规则，才能管理学生、影响学生，培养学生尊重规则、忠于法律的品德。

四、形成评价体系

学校应该建立统一、规范、持续、稳定的课堂教学及学生综合发展的评价体系。教师在做到“规则全面清晰，评判严肃公正，导向切实突出，表述清楚简洁”的基础上，还要做到“日积月累、阶段小结、及时反馈、适时调整”。教师把每节课的课堂教学评价积累起来，委派专人每日统计、每周统计，一周、两周或者一个月进行一次小结，并把小结的结果及时反馈给学生，鼓励学生、帮助学生，引导学生分析形成小结结果的原因，找到提高和改进的办法，把评价和反馈作为促进学生提高和发展的手段。尽管我们需要保持评价的相对稳定性，但是当学生在学习中出现了新问题，或者老的问题已经不存在的时候，教师要针对学生的情况调整评价的内容和规则。只有形成了一个科学完善的体系，才能达到促进教学、帮助学生提高的目的。

上述讲到的评价都是课堂教学中的形成性评价，友善用脑重视形成性评价对学生知识和能力提高的促进作用，但并不排斥终结性评价。我们建议从鼓励学生和促进学生发展的角度，注重和强化形成性评价的作用，当把形成性评价和终结性评价融合在一起的时候，应该加大形成性评价的比重，同时适当而恰当地运用终结性评价等手段。

后记

2011 年我参加北京市教委组织的友善用脑课堂教学培训，系统学习了学习科学友善用脑的课堂教学范式。几年来，我试图从神经科学和学习科学研究新成果出发，在生理学、心理学的基础上认识学习者的差异和需求，设计学习过程。经过几年的学习与实践，感受到从学习者视角出发的教学活动对教师提出了更高要求和更具体的转变方向，这种转变既有思想观念方面的，也有教学策略方面的。

如何把课堂还给学生，如何让学生成为学习的主体，如何让课堂不再沉寂，如何让学生的学习"嗨"起来。本书从理解学习出发，分析让学生学习"嗨"起来的五个关键基础；从友善用脑课堂"一三八"教学范式出发，解读让课堂学习"嗨"起来的六个关键环节，希望能和教师分享学习和实践收获，帮助教师改善我们的课堂教学。

本书在撰写中查阅了大量的文献资料，谨向各位作者表示感谢。本书能够成稿，感谢多年来学习科学会搭建的平台，提供丰富的研讨与学习机会；还要感谢李荐秘书长及其团队对我的指导与帮助。受水平和时间所限，书中内容难免存在一些瑕疵，恳请读者对书中存在的疏漏及错误提出批评指正。